定年後のリアル

勢古浩爾

草思社文庫

まえがき

定年退職が間近に迫っている人たちが口にする言葉はだいたい決まっているように思われる。次の三つである。三つの不安、といっていい。

一番目はなにをおいてもこれ、「おれ、食っていけんのかね」である。つまりお金の問題だ。再雇用や再就職でこの先数年、いくばくかの収入があるにしても、いずれそれも終わる。となると生活資金の基本は年金と貯金だけである。それだけで定年後の二十年、はたして食べていけるのか、という不安である。六十五歳まで家のローンあるしなあ、もそのひとつ。

二番目が、「おれ、なにするかなあ」である。

生きがい、やりがいの問題である。仕事がなくなれば、もうすることがない。趣味なんてものも、じつはなかったのである。テレビを見ながら酒を飲むだけだったのである。釣りや囲碁や楽器や陶芸や句作や水彩画や山登りなどの趣味がある人は、むしろ少なく、まだいいほうなのだ。ほとんどの人は酒飲んでテレビを見てひっくりかえるだけの毎日だったのである。

しかし平均寿命からいえば、まだこの先二十年ほども生きなければならないのだ。退職したら、よーし、今まで読めなかった本を存分読むぞ、などと思っていても、二十年間も本ばっかり読み続けるわけにはいかないのである。

そして最後が「おれ、糖も出てるし、血圧も高いからなあ」である。

健康問題である。しかし、六十代ではまだ体は動く。長生きできんのかねと思いつつも、焦眉《しょうび》の問題ではない。が、いずれ切実な問題になることは必定《ひつじょう》である。とりあえず、サプリメントやウォーキングでしのいでおくか、くらいだろうか。それもやがて面倒くさくなって、「まあ考えてもしかたないよな、こんなことは。なるようになるわな」となる。で、なるようになって青ざめるのだ。

というわけで、本書は「定年後」とあるように、これから定年を近々迎える会社員か、すでに退職をしてしまった元会社員の人に向けて、右の三つの不安をどう考えたらいいのかを考えてみた本である。ただし会社員といっても、主に中小零細企業に勤めている（勤めていた）人が対象である。わたしが零細勤めだったから、そのほうが好ましいのだ。のみならず、そういう人が大半ではないだろうか。大企業にお勤めのかたは、「おれ、食っていけんのかね」などという不安はないだろうから、本書などお呼びではなかろうと思う。

三つの不安をどう考えたらいいのか、と書いたが、本書にその「答え」はない。いや、あることはあるのだが、そんなもの「答えじゃない」といわれそうである。世にこの手の「退職本」や「老後本」はすでに山のように出ている。しかし、そのほとんどが、夢や希望や楽しさにあふれた「セカンドライフ」をいい、「おひとりさま」でも大丈夫、ほらこんなに充実して楽しい定年後や老後が待ってますよ、これからがほんとうの人生です、みたいなものばかりである。

わたしはそんなおためごかしを描いて見せることができない。自分が信じてもいないことを、また現実にありそうもない夢や希望を、いかにも実現可能のように示唆《しさ》したり、ほら、わたしができているのだからあなたにもできますよ、などと提示したりするのは、ほとんど詐欺《さぎ》に等しいことではないか、と思っている。

では本書の意味はどこにあるのか。そうでなくても退職本や老後本は山のようにあるのに、いまさらなにをいおうとするのか。矛盾したことをいうようだが、そんな退職本や老後本はほとんど役に立ちませんよ、と主張することにある。夢や希望を売り物にする本はなおさら役に立たない。ということは、おまえのこの本も当然役に立たないのだな？　といわれれば、夢や希望を売り物にしてはいないのだけれど、そう、役に立ちません、というほかはないのである。

というのも、この先わたしたちはどうすればいいのだ、なにか教えてくれ、というように具体的な方策を他人や本に求める根性がすでにだめである、とわたしは考えているからである。求めさえすれば、自分の現実を変える「方法」や「答え」をおまえは示すべきだ、という根性じたいがだめなのである。そんな魔法のような「方法」や「答え」など、どこにもないし、だれも知らないのである。有名人や学者や金持ちや偉い人や成功者に訊いても無駄である。

わたしは読者に喧嘩を売っているのではない。だれかに自分の人生の「答え」を求めるようなことは、いい加減やめにしましょう、といいたいだけである。あなたのほうが彼ら（有名人や学者など）より、生活者としてはよほどまとも、ということはあるのである。どこまで行っても、あなたの老後であり、あなたの人生である。自分で考えるしかないのである。

高齢化社会という「社会問題」は、じつは当の高齢者なんかほんとうはどうでもよく、高齢者以外の人間（政治家、経営者、現役の会社員、若者、子どもたち）の「問題」なのである。つまり、「なんだよこんなにじじいばばあばっかりが増えちまって。体は動かんし、ボケてるし、わがままだし、金はかかるし。おれたちゃどうすりゃあいいんだよ、めんどくせえなあ」という「問題」である。当の高齢者たちはほったらかしなのだ。高齢者が国や社会から望まれていることは、振り込め詐欺にひっかかって何百万円もだまし取られるくらいなら、貯め込んだ金をガンガン使って、早くコロリと逝ってくれ、であろう。

だから一人ひとりの高齢者の「問題」は、あくまでも、自分で自分をどうにかしなくてはならない「個人の問題」である。定年退職者は自分で「自分のリアル」を見つめるしかない。他人に訊いても、他人はあなたのことなんかどうでもいいのである。みんな口では「長生きしてくださいね」などと作り笑いはしているけど、だれもかれも自分のことで手一杯なのだ。

「自分のリアル」は自分にしかわからない。ワラをもつかみたい気持ちはわかるけど、所詮ワラにすぎない。他人の空虚なワラよりも、自分のたしかな一本の糸のほうがよほど大切である。かならずしも陰々滅々の後半生ではないはずである。といって、楽しくてしょうがない老後などあるはずもない。その間で、なんとかのんびりと自由に生きていきたいものである。「いや、わたしはまだバリバリやるよ」でももちろんかまわない。それが一人ひとりの「自分のリアル」ということなのだから。

定年後のリアル◉目次◉

第六章　元気な百歳ならけっこうだが——155

第一章　身分はただの素浪人

公園に行く

天気がよくて、とくに用事がなければ、ほぼ毎日、自転車で市内の公園に行く。日課だといってもいい。そこで過ごす一時《いっとき》が気持ちがいいのだ。五十九歳と六カ月ですこし早目の退職をしたが（理由はいくつかある）、それ以来すでに二年半が経ってしまった。早いものだ。まだ一年ほどの感覚しかないのに。

書斎代わりに使っていた駅前の喫茶店が閉店してから、行くところがなくなり、市内や近郊を自転車でぶらぶらしていたときに、その公園を見つけた。あるのは知っていたが、きたのははじめてであった。

公園はだいたいにおいてつねに閑散《かんさん》としており、ベンチに坐ってのんびりしていると、じつに気分がいい。やはり、外はいい。人がほとんどいないのがいい。「空が青いなあ」とか「雲が流れて行くなあ」とか「蟻《あり》が働いてるぞ」とか、ちょっとバカになるのである。しかし、六十歳をすぎて、こんな町のこんな公園でボーッとするようなことになろうとは、夢にも思わなかったことである。

しかし、そんなことをいえば、洋書輸入会社に三十年以上も勤めたことだって、学生時代にも、入社した頃でも、夢にも思わなかったことだ。まさに人生は有為転変《ういてんぺん》。べつにそれほど転変はしていないが。一つひとつの小さな決断はそのつどしてきたけれども、こんな現在の自分になるなど、若いころにはまったく夢想もしなかったことである。が、そのことに格別の不満があるわけではない。さりとて、満足満足、ということもない。そんなこと、考えもしない。「そうか、なるほどな」とか「よくここまで生きてこられたな」といったところか。

しかし、いまさらこんなことはもうどうでもいい。この公園男が現在のわたしである(住んでいるわけではない)。この町の住民でわたしほどこの公園を利用している人間はいまい。これほど必要としている人間もいまい。そこには駐車場もあって何台もの車が停まっているのだが、中におじさんたちが一人ずついたりするのである。最初はギョッとした。本や新聞を読んでいるのだ。外に出ればいいのにと思う。

よし、今日もあのベンチが空いてるな。まずジョージアのエメラルドマウンテン微糖を買ってと。これは必須だ。ベンチの横に自転車を止め、原稿やカセット用ウォークマンや本が入ったバッグをベンチの上に置き、とりあえずタバコを一服。気分よし。両肘《りょうひじ》をベンチの背にあずけ、空を見上げる。雲が流れていく。風が吹いている。コーヒーを一口《ひとくち》グビッ。気分よし。どうかだれも、あそこに寂しそうな中年男が坐ってるな、と思って、同情心から話しかけてこないように。

わたしはただの素浪人である

というわけで、わたしは現在、素浪人《すろうにん》である。と、ちょっと格好よくいってみたが、全然格好よくはないのである。とても月影兵庫や藤沢周平の主人公のようにはいかない。実態は、退職したただの中年男、ただの初老の男にすぎない。現在、だけでなく、この先もずっとそうである。

もはや何者でもない。などというと、ときに、あんたは原稿など書いていて、それなりの収入があって（なかには印税がガッポガッポあって、と思ってる人もいるらしいが、それは人気作家だけである）、いい身分ではないか、と羨《うらや》ましがる人もいたりするのだが、実態はさにあらず。原稿書きは傘張りの内職みたいなものである。

再雇用なり再就職して（中には天下りおやじもいる）月に二十数万円（十数万でも）の定収入がある人のほうが、諸々の費用も含めれば、わたしなんかよりよほど裕福（というわけでもなかろうが）であり、よほど安定しているといっておきたい。ただし、とりあえずすることがあるというのは、ありがたいことではある。

定年退職して、もはやどんな就労意欲もないおっさんはただの素浪人である。ただし浪人とはいっても、お抱えを待っているのではない。

素浪人。浪人でさえ好ましからぬ状態なのに、その上に「素」がつく。ある辞書によると、素浪人の定義は「実力はもちろんのこと、お金も後援者も無く、取り上げて言うに足りぬ浪人」とあって、救いがない。よくもいってくれたものである。どうやら「素」とは実力がない、能力がない、ということらしい。

浮浪人というのもある。これはただの「失業者。禄を失った者」である。どこか覇気がない。元々浪人とは仕官を目指している者のことである。仕官を目指さない退職者は浪人というよりただの隠遁者《いんとんしゃ》である。隠遁者というほど、楽な身分でも、悟りすましているわけでもないのだが。

ほんとうに素浪人だったのは、若いころに就職が決まらなかったときである。以前にすこし書いたことがあるのだが、あのときは心底逼迫《ひっぱく》した。それまでの人生で宙ぶらりんの浪人をしたことがなかった。大学もなんとか一発でひっかかった。滞留したのは大学で一年留年したときだけである。が、それも自分の意志だった。だから浪人という身分になんの免疫もないのだった。

大学卒業のとき、いっさいの就職活動をせず（あの一九七一、二年当時、就職活動をしていた学生いたのか？）、しかも勉強など全然しなかったくせに、身の程知らずにも共同通信社の試験を受けたのであった。いかにもサラリーマンですという会社員にはなんとなくなりたくなかったし、海外特派員にでもなれたら、とバカなことを考えていたのであった。記憶がはっきりしないのだが、卒業時に受けたのはたぶんこの一社だけだったような気がする。で、落ちた。

結局めんどくさくなって大学院に行き、二年間のモラトリアムに逃げ込んだ。学費も生活費もまたもや父親におぶさり、思い出せば、今にしておのれの情けなさに、八十歳まで働いて八十九歳で死んだ父親に申し訳ない。

大学院卒業時の就職活動は惨憺《さんたん》たるものだった。またもや思い上がって新聞社や出版社の試験を受け、全滅した。全滅といっても、合わせて三、四社くらいのものだったはずである。就職なんかなんとかなるだろうと舐《な》めていたふしがある。毎日新聞社とみすず書房と新潮社だけは覚えている。新潮社は指定校除外で門前払いだった。わたしの若さはバカさだった。

新聞社や出版社というとなんとなく自由な会社員というイメージがあり、ただそれだけのことで、わたしに明確な意識や覚悟があったわけではない。本が好きなわけでもなかった。毎日新聞は面接で落ちたのだったか。あとで指導教授に、なんで面接前にいってくれなかったのだ、といわれたが、そんな気はまったくなかった。そんな処世術も知らなかった。

ここで、希望職種には全敗した。途方にくれた。慌《あわ》てて、ふつうのサラリーマンは嫌だなどと贅沢なことをいっている場合ではなく、しぶしぶ、日本能率協会や他の中小の会社を受けたのはこのときだっただろうか。すべて面接で落ちたような記憶がある。おれは人格的欠陥があるのかな、と思ったが、とにかく全滅。

このあとは見境がなかった。新聞で求人をさがし、履歴書を出した。三十通くらい書いたはずである。半数以上が、書類選考の段階ではねられた。中途半端でなまじっかな「大学院卒」という肩書が会社にとっては鬱陶《うっとう》しかったのだろうか。そのあとはさらになりふりかまわず、職種もへちまもあるものかと片っぱしから受けてまわった。ばか正直な「院卒」という経歴も履歴書から外した。マンションの一室、暗くて狭い作業場、その他その他を訪問したが、これまたいずれも全滅。逼迫した、とはこのときだった。わたしたちの世代は、学校をでれば、もう無条件に就職をするものだと決まっていた。なんの疑いもなかった。しかし、わたしには自分のやりたいことなどなかったのである。

　パチンコ店や文房具店の店の前を掃除している店員、工事現場の作業員、配送業者などなど、街中で仕事をしている人を見ては、ああ、みんな仕事があるんだなあ、と羨ましかった。といって、そういう仕事をするのかといえば、そうでもないのであった。ただ逼迫したとはいっても、たかだか半年くらいの間だったろうか。一年近かったのか。

が、それもいまや遠い昔のことである。退職した今では、そのときのような身を焦《こ》がすような逼迫感はない。といって、この先に明確な見通しや安心感があるわけでもない。先のことなど、なにも考えていないのである。いまだに人生を舐めているようなところがある。なんとかなるだろうと思い、なんともなりはしない、とも思っている。いずれ、どんづまるかもしれないが、それはそのときだ。

　とりあえず、今日もそこそこ体調はよく、公園もまた気分がいい。自転車を漕ぐ足もまだ動く。そこで一時を過ごす。二時間でも平気だ。朝食兼昼食は簡単なものですませる。先のことはほとんど考えない。懸案がないわけではない。が、今日のところは、とりあえずこれでいい。一日は一日で足れり。

もはや何者でもない

というわけで、いまやわたしは何者でもない。仕事を辞めたくらいで、もはや何者でもないというのも大げさだが、以前は生活の大半を会社の仕事が占めていて、その仕事の中では一応は社会的な何者かだったのであり、さてその仕事を失ったとなれば、その何者かであるという意識はやはり失われるのである。

といっても、失われたのはたかだか名刺に書かれた会社名と部課名と、その役職名にすぎない。もちろん、わたしが人間的に何者かだったというのではない。社会的な上っ面だけのことである。しかし、その上っ面がやはりその人間の何者かを証明し、社会生活のなかでは大きな意味を持つのだった。何者でもないというのは、その社会性を失うということだった。

その社会性に自己のアイデンティティを過度に預けていた人は、虚脱感や喪失感に襲われるかもしれない。これは本人だけではなく、家族にとっても世間体にかかわる問題である。何々会社の何々課長や部長だった夫や父が、ただの亭主、無職の父ちゃんになったということで、やはりなにかが失われたのである。世の奥さん連中は、お父さんが現役の間に、娘や息子の結婚式をあげさせたいなんてことを、やはり考えるらしいのである。会社が大きかったり、役職名が上の方だったりする場合は、なおさらのことであろう（スポーツ選手が現役の自分の姿を子どもに見せたい、などというのもそれである）。

生きていくとは、社会性を獲得することだった。だがもうそれもない。いまや何者でもないというが、元々何者でもなかったのである。勤めていたときは、会社という組織のなかで、何者かである、と思っていただけなのである。

今や残っているものは家族や知人とのプライベートなつながりだけである。パブリックはもうない。が、そんなことは、ふつうの人にはほとんど問題ではないだろう。再就職の面接で、「なにができますか？」と訊かれ、「部長」と答えたものがいた、という笑い話があるが、そんなアホな人間はめったにいるものではないのである。

わたしは中途半端である。完全に社会性を失ったとはいえないだろう。こうした本を書いている関係上、わたしを「著者」として遇してくれる幾人かの編集者がまだいて、そのつきあいがあるからである。「著者」などという思い上がりはわたしには限りなくないし、そのことをありがたいことだと思わなければバチがあたる。

謙遜を装っていやらしいことをいうやつだ、いい気なもんじゃないか、と思われるかもしれない。でも、ほんとうにそうなのである。だが、それもかれらと会っているときだけだし、いつかはその関係も失われることになるだろう。いずれ、わたしたちは社会的にまったく無用の人になるであろう。

いまでも月に一、二回ほど前に勤めていた会社にぶらりと行くことがある。行ってなにができるわけでもないが、やはり会社の行く末が気になるのだ。先輩風を吹かせに行くわけではない。なにしろ小さな会社だ。その会社の将来に対して、わたしも責任の一端を感じないわけでもないからである。しかし、これも考えものである。たとえば、こういうことがある。

企業の定年準備教育を長年やってきた金田義朗氏はこのようにいっている。定年の年齢の区切りは、〝あの世〟と〝この世〟の境界線である、と。だから再雇用だの雇用継続だので会社に残るものにたいしては、現役の社員たちは、さすがに面と向かってはいわないものの、このような意識を抱く、ということである。

「アンタたちはもう退職金をもらって、送別会をしてもらって、花束もらって、バンザイしてもらってアッチの世界へ行ったんだろう。それならアッチでおとなしく成仏しておればいいのに、なんでまたコッチへ舞い戻って来るんだよ。戻ってくるのは盆と彼岸だけでいいんだよ」（金田義朗『定年後を楽しむ人楽しめない人』洋泉社）

そこで金田氏は、「一度退社させて、格落ち身分に引き下げて、また入れる」というやり方は好ましくなく、「人間同士には不愉快、会社には不効率、社会には不経済」であるから、「定年の延長か、定年制度そのものの廃止を一日も早く実現」しなければならないというふうに、定年制の問題に話を展開しているのだが、これはまたべつの話。

わたしには送別会も花束もバンザイもなかったが（そんなものいらない。数名による送別会はあったか？）、再雇用でもなく、まったくフリーになったので、そこまで反感は持たれないのかもしれない。だが、辞めた人間がいつまでものこのこ会社にやってくるというのも、まだ会社で働いている人間にとっては気ぶっせいなことであろうと思う。また来やがった、先輩ヅラをして、いまさらなにをのこのこ、というふうに思われてもしかたがないのである。

退職にあたってなんの準備もしなかった

退職を決めるにあたって、退職本などはまったく読まなかった。なんの準備もしなかった。すこし早めの退職を決めた理由はいくつかある。一番の理由は、仕事と原稿書きの両立が完全に破綻《はたん》したことである。会社員失格である。

それまでも会社にはさんざん迷惑をかけていたが、それがシャレではすまなくなった。もちろんシャレではなかったのだが、そんなザマなのに、毎月給料をもらいつづけることに罪悪感があった（年のわりには大した額ではなかったが）。仕事に疲れたというのもある。ほかに、いわくいいがたい理由もないではなかった。

退職後はもはや勤めに出るつもりはまったくなかったので、雇用保険はもらわなかった。この雇用保険受給までの手続きがじつに人を舐めているのだった。おいそれとは支給しようとしないのである。支給条件に「就労意欲を示す」というのがある。いい年をして見せかけだけの「就労意欲」など示せるものか、と思った。もう「就労」などしたくないから、会社を辞めたのである。国はつべこべいわずに、わたしが払い込んだ雇用保険の総額を返せといいたい。いまさら、もういいけど。

ある統計によると、日本人が失業保険をもらっていない比率は七七パーセントと知って驚いた。ＯＥＣＤ（経済協力開発機構）主要加盟国のなかでは圧倒的な高率である。それだけ日本国は、ケチで形式的な制限を課して支給しようとしないということなのだろう。みんな、もういい、もってけ泥棒と思っているにちがいない。

わたしはべつに四角四面の公明正大な人間ではない。性、狷介《けんかい》にして、ずるいところや利己的なところはいくらでもある（いくらでもはないか）。が、仕事を探すフリをするのはもはや嫌だった。六十ヅラをして、いや、働きたいんです、など嫌だったのである（就労意欲を示しつつ、しかし就労してはならない！）。結局、雇用保険は放棄した。いい身分だねえ、とか、折角の権利を行使しないなどバカじゃないのか、とか、いい年をして見栄っ張りが、と嗤《わら》われるであろう。が、もういいのである（受給した人をバカにしているわけではない）。

厚生年金は支給額が多少減ってもいいから早くもらうことにした。いつまで生きられるかわからないからである。健康保険は組合の任意継続に加入した。わたしが退職後にしたことは、この年金と健康保険の手続きだけである。あとは、ハローワークに見学をかねて一回行っただけである。その他はなにもなし。

退職本や老後本を読む動機は、これから退職を迎える人が、どういう準備や計画を立てればいいのか、ということの参考にしようという動機があると思われる。もう退職をしてしまっていて、現状をどう変えればよりよい生活ができるようになるのか、より充実した老後が送れるようになるか、と考えて読む人もいるだろう。その場合、たいがいの人は、定年後の心構えや生き方というよりも、さしあたっては技術的な側面やそのための実用的な情報を知りたいと思っているはずである。

失業保険のうまいもらい方はあるのか。年金はいつからもらったほうが得なのか。健康保険はどうするのか。資産はどう運用したら一番得で、かつ安全なのか。生きがいはどう見つけたらいいのか。なにかうまい副業はないものか。このような「実用」に関しては多くのマニュアル本がでている。参考にするか否かは人それぞれである。だが、あまりうまい話はないと思った方がいい。

定年退職で失うものと得るもの

定年退職をした人は四十年前後に及んだ仕事を終えて、今日からは電車のラッシュに揉まれることのない、自由な日々がスタートしたのである。目が覚めて一服して、まず考えることはどんなことだろうか。おそらく、さて今日一日なにをするかねえ、ということではあるまいか。普段の日曜日とはまるで感覚がちがうであろう。日常のなかに組み込まれたルーティンとしての休日ではないのだ。なにをしてもいいし、なにもしなくてもいい。あせることはない。これから死ぬ日までこんな自由な日々がつづくのだ。〝サンデー毎日〟とはよくいったものである。

退職後の初日、電車に乗って都心まで出ることはまずなさそうである。ゆっくり起き、新聞を読んだ後、居住している町をブラブラするくらいが相場か。本屋を覗いたり、喫茶店で休んだり、人によってはパチンコをしたり、昼間からビールなぞ飲む人もいるかもしれない。今頃かれらは働いているんだな、悪いね、などと思いながら。一抹のさびしさもちょっとあったりして。

そうこうするある日、今日は久しぶりに都心まで映画や美術館にでも行ってみるか、と思う。あるいは知人にでも会いに行くかと電車に乗る。と、定期券がないのだ。そうか、「PASMO」だの「Suica」だのを買うのかと思う。これが度重なると、改めて定期券の有り難さがわかるようになる。いったい定年によってなにを失ったのかと数え上げると、その細目はこんなものである。

一、仕事（当然）。二、給料（当然）。三、目標意識。四、仕事仲間との会話・つきあい。五、定期券。六、不自由（拘束時間）。七、仕事上の人脈。八、名刺。ほかに仕事にまつわるものとしては、九、達成感。一〇、評価。一一、仕事上での空虚感。一二、部下や上司から名前を呼ばれること。一三、自負感。一四、スケジュール手帳（手帳）、などなど。ようするに、あなたはいまや何者でもないのである。なんの肩書もないただのおじさんになってしまったのだ。

先の金田義朗氏はまたこういっている。いままでのつきあいは職場関連、仕事関連の人間関係ばかりだった。それが退職で全部なくなる。忘年会も花見も赤提灯《あかちょうちん》もカラオケもない。年賀状も途絶える。来るのはDMとセールスの電話と宅配便ばかり。近所は知らん人間ばかり。

そこで金田氏は、常日頃から、兄弟姉妹、親戚、従兄弟、幼友達、学校時代の友人、同窓会、クラブやサークルや同好会の友人知人、自治会や町内会の人たちとの交流を深めることが必要だといっている。そういうなかに「二人でも三人でも親しい間柄といえる人を持つことは絶対に必要です」「もし疎遠になっているのなら早急に修復を考えるべきでしょう」（『定年後を楽しむ人楽しめない人』）。ふふ。やなこった。しかし、これはまたべつの話である。あとで考えることにしよう。

さて、退職者はそういう諸々を失う代わりに、なにを得ることになるのか。一、失業保険（手に入れるにはメンドーな手続きが必要）。二、わずかな年金（月二十万という人がいるらしいが、通常は十万そこそこであろう）。三、ありあまる自由時間、である。たったこれだけ？　そう、たったこれだけである。しかも失業保険は受給期間が終われればなくなる。

しかしまあいいじゃないの、このありあまる自由時間こそ、なにものにも代えられないものじゃないの、第二の人生、セカンドライフじゃないの、となぜかわからないが英語で言い直したりして、さあこれから好きなことをするんだ、と思おうとするが、これが意外にそれほどうれしくない、ということにあなたはいずれ気がつくであろう。〝サンデー毎日〟は、たしかに楽は楽なんだけどね。それほどうれしいことじゃない。やっと宮仕えから解き放たれたという解放感は意外なほどないものである。

毎日が日曜日は大してうれしいことではない

退職してしまえば、もう朝早く起きることもなければ、押しあいへしあいのラッシュに揉まれることもない。遅刻になりそうになって朝っぱらから走ることもない。嫌な客に頭を下げることもなければ、社内の人間関係にわずらわされることもない。毎日、自由に好きなことができる、と想像して、なんと楽しいことかと思う。

　ところが退職してわかったことは、たしかに毎日楽ではあるが、これといってとくにどうということはないということだった。毎日が日曜日は、思ったほど、心弾むようなことではないのである。あっても最初だけである。すぐ慣れる。常態化する。恋愛感情のトキメキが冷めていくのとおなじである。一番いけないのは好きなことができるという、その好きなことがないことである。もしあったとしても、好きな焼肉や寿司を毎日食えるか、ちゅうのである。

　定年後のイメージなどなにもなかった。なにをするかなどほとんど考えなかった。とにかくもう仕事をしたくなかったのである。若者は、君はなにをしたいか、夢はなにか、大学でなにを学ぶのか、自分のしたいことを見つけよ、といわれるが、わたしは若いときからこれといってしたいことなどなかった。定年になってもおなじである。これといってしたいことがあるわけではない。以前、バイクに乗りたいなと思ったことがある。四十歳前後の数年間、実際に乗って、やめた。

　会社を辞めたら、学生時代に住んでいた千歳烏山《ちとせからすやま》あたりに行ってみようかな、くらいはぼんやりと考えたが、今のところ烏山のあとに住んだことのある北浦和に行ったくらいである。朝早く起きて、水戸や足利や鎌倉や会津にでも行ってみるかなとも考えた。そんなときのためにカメラも買った。が、実際に退職してみると行きやしないのである。カメラなどホコリをかぶったままだ。

自分の不精な性格にもよるのか、いざとなるとめんどうくさいのだ。いまだにそんな一日旅行をしてみようかという気持ちがあることはある。が、べつに今日でなくてもいいではないかと思ってしまうのだ。それに朝早くから起きるのがもう嫌である。それをおしてまで行かねばならぬという気力はないのである。年をとると嫌でも朝早く目が覚めると聞くが、まったくそういうことがない。あれはウソであるということがわかった。なかにはそういう人もいるのだろうが。

定年退職でやっと自由になれる、と思う。が、何事でもそうだが、そう思っているうちが華である。夢や希望が実現しなかったときには失望感がやってくるが、それが実現したときの達成感は意外とあっけないものである。ないことはないが、すぐ薄れて慣れてしまうのだ。だってそのとたんに、夢も希望もなくなるんだからね。それに人間にはうれしいことも、楽しいことも、そんなにあるわけがないのである。夢や希望は実現したい。しかし実現されてはならない。もし実現したら、また新たな夢や希望を必要とする。

わたしは仕事を辞めてから、雨も雪も晴れも、どんな天候であれ好きになった。わたしの性向なのだろうが、無為のぼんやりした安穏《あんのん》な時間が好きである。〝毎日が日曜日〟というのはウソである。他の曜日があってこその日曜日である。退職者は曜日をも失うのである。だがそんな無曜日の安穏な時間がいい。もちろん夢や希望は実現されるにこしたことはない。が、夢や希望を持つことによって、それが逆にフラストレーションにしかならないとしたら、その持ち方がおかしいのである。

好きなときに起きて、好きなものを食べて？

二十代、三十代の人はちがうだろうけど、会社勤めをしていて四十代、五十代ともなると、ちっとも楽にならない中小零細企業ではとくに、その多くの人が、もういい加減楽になりたい、自由になりたい、と思うのではないだろうか。いったいこの泥濘《でいねい》がいつまでつづくのか、働けど働けど苦しい資金繰りとうちつづく売上げ減少、いい加減、楽で自由な身分になりたいものだ、というように。

勤めていたころ、すし詰めのラッシュとは反対側の空いた電車に乗って、どっか知らない町で、一日、のんびりできたらなあ、と思ったものである。夜寝るとき、ああ、目が覚めるとまたあのラッシュか、と思い、これが冬になると、起きたくないなあ、と思ったものだった。毎朝、好きな時間に起きて、好きな場所に行って、好きなもの食べて、好きなことができれば、もうなにもいうことはないな、と空想した。まるで天国ではないか。

ところが、これ、実際にやってみると、とくにどうということもないのである。好きな時間に起きて、というところだけは楽でいいのだが、あとの、好きな場所も、好きな食べ物も、好きなことをしてというのも、べつに好きなものなどないのであった。いや、まあ好きなときに起きて、好きなとこに行って、好きなものを食べてはいる、といっていいのだが、だから、それがなんなのだ、という程度なのだ。

そもそも「好きな時間に起きて、好きなものを食べて、好きなところに行って、好きなことをして、好きな時間に寝る」というのがただの観念であり、なんの実体もなかったのである。好きなもの食べてというが、べつに三百三十円のざるそばがそんなに好きなわけでもないのである。そんなもの、会社に勤めていても、いつでもだれでも食べられるのである。天国もたいしたことがなかったわけだ。

好きなことをするといっても好きなことはなく、好きなところに行くといっても、ほんとに好きなところ（海外とか）に行くと金がかかってしょうがないのである。結局、好きな時間に起きて、好きな時間に寝る、ということだけが退職後の実体である。これだけでもう天国、というべきなのかもしれないが、なんともショボイ天国である。

公園でのんびりしているときは、たしかに「うーむ、いいねえ」と思うのだが、さすがに毎日、朝から晩までいるわけにはいかない。公園で過ごす時間が、いかに伊丹十三がいう「金のおにぎり」を食べているような至福の時間とはいえ（いいすぎだが）、一日中いたくはないのである。

もう朝早く起きて勤めに出ることもない、好きな時間に起きて、気の向いたことをすればよい。もう贅沢はいわない。今日の昼は、久しぶりにお茶の水に出て、キッチン南海のカツカレーでも食べるか、だけでもいい。まったく制約がないわけではないが、基本的に一日の時間は自分の好きなように使っていいのだ。これだけが唯一のことである。じゃあまた勤めに出てみるか？　というのは真っ平だからね。

わたしの場合、公園のほかは図書館に行くか、喫茶店で本を読んだり原稿を書くだけである。単調といえばまったく単調な毎日である。が、この単調は悪くない。ねぐらがあり、今日も三食食べられる。明日も大丈夫だろう。

この先、とりあえず一、二年くらいはなんとかなるかもしれない。その先のことは考えない。体の変調もないとはいえないが、目に見える範囲では大丈夫そうだ。いつ急激に悪くなって、こんなはずではなかった、ということになるかもしれないが、そんなこと考えてもしかたがない。

これは、もしかしたら申し分のない生活ではないのか。先行きに「不安」がないのかといえば、ないことはない。もし八十歳まで生きるとして、それまでの年月をカバーできる貯蓄があるかといえば、まったくない。二カ月ほど海外旅行でのんびりしたい、ということなどできそうもない。贅沢をいえばきりがないのである。けれどもそのへんを差っぴくなら、わたしは今、ほんとうは「幸せ」な状態にいるのではないか。

もしかしたら人間は、自分の「幸せ」を永遠に気づかないのではないかと思う。好きな人と結ばれたり、事業が成功したり、夢が叶ったりして、「ああ、幸せ」と思うことはあるのだろうが、それも常態になってしまえば、かならず色褪《いろあ》せてしまうものである。もし今のわたしが「幸せ」な状態であるのなら、勤めていたときだって「幸せ」だったのである。

けれど、というか、だからこそ、というか、こんなことはどうでもいいことである。「え、おれは今幸せなの?」など、ばかばかしい。つまり「幸せ」なんかどうでもいいのだ。「充実した人生」も「自分を表現したい」もウソくさい言葉である。高齢者向けの番組でＮＨＫのアナウンサーが締めくくりに、明るい顔で「みなさん、これからがほんとうの人生ですよー」といっていたが、そんなわけはないのである。今までだって「ほんとうの人生」だったのだ。「幸せになりたい」も「自己実現」もただの決まり文句でしかなく、そんなわけのわからんもの、現実には成立しないのである。成立してもいいが、わたしはそんなものいらないのである。

勤めていたときは、雨が嫌だった。とくに冬場の雨はどうにも気が滅入った。「雨かー、休も」といって会社を休んだこともわりとある。しかし今は、平日の空《す》いた喫茶店の窓からシトシトと降る雨をぼんやり見ていると、これが風情があってじつにいいのだ。雨にかぎらない。日々のぼんやりした時間がいい。こんな日々がいつまでつづくのかわからないが、わたしは、とりあえず今日の日は、「うん、いいなあ」だけでいい。毎日がウキウキワクワクなんか、あるわけがないのだから。

第二章　「リアル」も千差万別

自分の「リアル」は知りたくない

日本の歴史の中でかつてない高齢化社会を迎えて、退職後や老後の生き方を模索する言説が氾濫《はんらん》している。不安を煽り悲惨さを強調するものもあるが、多くは充実して生きがいのある老後の生活を示そうとする夢と希望と楽しさに満ちたものである。自分のほんとう（リアル）を知るのではなく、ウソでもいいから、そういう明るい老後を示してもらい、不安を払拭《ふっしょく》したいという需要に応えるものであろう。

ウソでもいいから、というのはいい過ぎか。そんなにうまい手があるとはだれも思っていないはずである。しかし、もしかしたらあるのかな、という思いが残る。これから定年を迎えようとしている人の多くは（もう迎えている人も）、自分の定年後がそれほど楽でも明るくもない、不安に満ちた生活であることがだいたいわかっている。

わかっているからこそ、そんな不安のなかにもなんらかの夢や希望があってほしいと思う。この気持ちは痛いほどわかる。

社会・政治問題としての（統計としての）「高齢者問題」など、わたしたちにとってはどうでもいいのである。この自分の、そしてこの自分たち夫婦の個人的な定年後の生活だけが、切実な「問題」なのだ。そこに、こうすればあなたも夢や希望や生きがいのある充実した楽しい定年後の生活をすることができますよ、満足する老後の生活ができるよ、という言説が次々と登場するのである。

定年退職は前からあり、老人も昔から存在したが、自分が定年になり、老人に向かっていくことは、なにしろ初めての体験である。不安はあって当然である。そんなことをいえば、小中高大へ進学をすること、成人になること、入社すること、結婚することなども全部初めての体験だったのだけれども、退職後は心身の衰退や命の終焉に向かっていく、というところが決定的にちがうところだ。

人間はほんとうのことを知りたい。感動するのはノンフィクションだし、意外な事実を知ると、目からウロコがおちた、となる。が、例外がある。自分のほんとうのことだけは知りたくないらしいのである。「ほんとうのこと」というのが「リアル」であり、「リアル」とは、いうまでもなく「現実」のことである。

わたしたちは自分の「リアル」を知っている。自分の能力も性格も生活のレベルもわかっている。わかっているが、それを認めたくはないのだ。わたしたちは実際の自分以上に自分を強くて大きくて人並み以上の存在だと思いたいのである。だから他人から、実際のおまえはこれこれだ、といわれるとおもしろくない。

老後にかぎらず、だれだって自分の人生には充実も希望も楽しさもあると思いたいものである。その気持ちはわかるが、ウソでもいいから、というのはなんだろうか。わたしはそんなものは欲しくもないし、そういうウソをいう気にもならない。不安にも充実にもそれなりの「リアル」はあるだろうけど、ほんとうの「リアル」はその現実と願望の中間にあるものだろう。それが「平均的なリアル」である。

他人（本など）が描くことができるのは、せいぜいこの「平均的なリアル」だけである。万人に共通する「普遍的なリアル」など、存在しない。だが、本を読んで自分の参考にしたいと思っている人は、「平均的なリアル」も気にはなるが（平均寿命は生きたい、というように）自分のこれからがどうなるのか、どうしたらいいのか、という自分だけの「希望のリアル」を知りたいのである。かれらは自分の「個人的なリアル」がどんなものか、嫌というほどわかっている。わかっていながら（いるからこそ）、その「個人的なリアル」がどうすれば特権的になるのか、それを超える「希望のリアル」はあるのかないのか、それだけを知りたいのである。

そんなとき、わざわざ痛む傷口を開いて見せるように、これが現実の冷酷な「リアル」なんだよといって、そんなことがなんになるだろうか。「リアル」は人の数だけあるのである。「自分のリアル」なら、他人にいわれるまでもなく、人それぞれ、みんな自分固有の「リアル」にぶつかっているのである。

それなのにいまさら定年後や老後の現実的な「リアル」を知ってそれがなんになるのか。知って、どうすればいいのか。ただ、知るだけでいいのか。あなたは「希望のリアル」を欲しているだろうが、これが「現実のリアル」なんですよ、といっても、大きなお世話だ、といわれておしまいではないだろうか。

「存在は意識を規定する」という言葉がある。マルクスの言葉だったか（正確には「社会的存在が意識を規定する」だった）。いうまでもなく自分が置かれている環境や立場や条件が、その人の考え方や生き方を決めてしまう、という意味である。まれに「意識が存在を規定する」見事な人がいないわけではないが、ふつうは「存在は意識を規定する」である。そして、その「存在」は人の数だけあるのである。それが一人ひとりの「個人的なリアル」である。

歯科医で評論家の長山靖生氏がこう書いている。

「老人」と一言でいっても、その処遇や社会的な位置づけ、文化的意味合いは、歴史をみればその時代時代の社会の道徳的規範のありようによって異なっていた。また、どの時代にも、その人が所属する階層やそれまでの経歴、個人の生き様によって、老後の過ごし方は異なっている。さらに老いに対する個人的な対応は、すべての人間の数だけあり、その内容も千差万別だ。

（長山靖生『日本人の老後』新潮選書）

まったくそのとおりである。そのとおりだが、これは「老人」だけのことではない。「若者」といっても、「大人」「子ども」といっても、「男」「女」といってもおなじことである。つまりすべての「人間」ということである。

ということは、わたしなんかにすべての人の定年後や老後の「リアル」などわかるわけがないのである。わたしだけではない。わかる人間などどこにもいない。そもそも、すべてを包含する「普遍的なリアル」が存在しないのだから。だから「人間は」とか、「若者は」とか「男は、女は」とか「日本人は」といういいかたは、かならず限界があるのである。

しかしそうはいっても、わたしはここでその「平均的なリアル」を書くことしかできない。おれはちがうよ、という人がかならず出てくるだろうが、そこは目をつぶってください。共通するところが半分ほどでもあれば「平均」の意味はあるのだから。さて、その「平均的なリアル」とは、こういうモデルの「リアル」のことである。

モデルは小零細企業の会社員

定年退職とか、老後といっても、一人ひとりの状況はさまざまである。資産状態も家族状態も健康状態もちがう。べつに定年後や老後などにかぎったことではない。生きる条件は、生まれたときから一人ひとりちがうのである。そういう物理的条件以外にも、性格や考え方もいろいろである。客観的には申し分のない生活状態のなかにあっても不安を感じつづける人間はいるし、かなりプアな条件のなかにあっても、なんとかなるだろう、と楽観的な人もいる（わたしだ）。多くの場合、なんともならないのだけど。

おなじ「会社員」という言葉で一括りにできないのもおなじである。日本の会社員のほぼ九〇パーセントが中小零細企業の会社員だといわれる。ゆえに、多額の退職金や貯金を持っているのは、日本の全企業のなかのわずか一〇パーセントの大企業に勤務した者くらいである。大企業と中小零細企業の退職金の差は、三倍から四倍ちがう。ところが一口に中小零細企業といっても、これまた千差万別でおなじ話はできない。中と小のあいだにも大きな差があり、小と零細にも差がある。

したがって本書で想定する退職者はこのような状態の人である。はっきりいうと、中を除いた小零細企業に勤めていたサラリーマンである。健康と夫婦仲は可もなく不可もない程度。いささか芳《かんば》しくない、としておいたほうが現実的かもしれない。子どもはなんとか手が離れている。持ち家だけはかろうじて確保しているが、貯金は質素に暮らしても四、五年で食いつぶしてしまうほどしかない。当然、無趣味で、交際範囲は極小。百歩ゆずって、まあ釣りやパチンコや登山や読書くらいの趣味はあってもいいし、友人もわりと多くいてもいい。

一応こういう想定で話をすすめたい。というより、これ以外に「平均的なリアル」を示すイメージはなさそうに思われる。それはもしかしたらおまえのことか、といわれるなら、なんでわかったの？　といいたい。然り、わたしは従業員二十数人（のちには十数人に減少）の零細企業出身である。右の条件をすべて満たしているというと多少差しさわりがあるから、九五パーセントはね、と修正をしておきたい。ただし、貯金のところは修正の要を認めない。

この「平均的なリアル」に根拠あるリアル感をあたえることができるとするなら、わたし自身の「個人的なリアル」によって裏打ちされていることである。つまり、わたしは平均的な会社員だったのであり、平均的な男だから、という根拠である。いささか性格的には難があるものの、わたしの「個人的なリアル」は世の多くの人の「平均的なリアル」とほぼ同じといっていいのではないかと思っている。

夫婦仲がよくて、子どもたちも順調で、孫もうじゃうじゃいて家庭環境は申し分なし、資産は四、五千万もあり（子会社を渡り歩いたから優に一億以上はある、という人もいるであろう）、多趣味で、人間関係も豊富、健康にも不安はない、なんて人がいるだろうが、そんな人には「定年後のリアル」もへちまもないだろう。好き勝手に、楽しく「セカンドライフ」とやらを満喫して余生を過ごせばいいのである。

いや、こういう恵まれた人は一〇パーセント少々どころか、もっといそうである。が、そういう人のことを考えるのはやめることである。自分は自分の個別状況（自分のリアル）のなかで生きていくしかないからであり、他人様を羨望したり、それと比較したりすることにはなんの意味もないからである。それどころか、マイナスにしかならない。自分で自分を無益に追い詰めることにしかならない。

老後の三つの不安――金、健康、生きがい

よーし、終わった、さあこれからは自分の好きなことをして、思い切り生きていくぞ、という積極的な人がいるだろうが、そういう人は好きにやっていただくことにして、多くの人は、まあ多少の解放感はあるにせよ、本音のところは、弱っちゃったね、これからどうするかね、食っていけんのかね、なにをすりゃあいいのかね、という漠たる不安に駆られるのではないだろうか。「不安」というほどではないかもしれない。「気がかり」くらいか。

定年後の不安といえば、やはり金と健康だろう。それにもうひとつ、生きがいなんてものもある。これが定年後（あるいは老後）の三つの不安であるといっていい。これらの不安は別に老年世代に限ったことではないだろうけど、定年者にはなにしろ収入が途絶えている。これから入ってくる予定もない。しかも体力は衰退し命の先もぼんやり見えている、ということで他の若い世代にくらべると、一層逼迫度は高くなる

ようである。関心の幅が金と健康と生きがいだけに集約されるのが情けないが、しかたないのである。

そうでなくても、今の日本人はもう金と食べることと健康のことにしか興味がないように見える。とくに退職後であれば、どう考えようと、これからは後退戦であるという意識があり、そのなかでなんとか健康で少しでも長く楽しく生きることができればオンの字だ、と思っているはずである。この金、食、健康のほかに見てくれ（カッコいい、かわいい）が加われば、それが現代日本人の価値観のほとんどすべてであろう。もっとも年をとると、ここは分かれる。見てくれなどどうだっていいや、というのと、まだきれいでありたい、というのと。

しかしこの三つの不安のなかで、なんといっても一番は金の問題だろう。健康も生きがいも目には見えないが、金が減って行くのははっきりと目に見えるからである（病気はいきなりやってくる）。一説によると、退職後、平均年齢八十歳で死ぬまでに夫婦で四千万円必要だということである。なにかの雑誌の広告を車内吊りで見ただけだから詳しいことはわからないが、参考のために買っておけばよかった。広告を見たとたんに、バカいってんじゃない、と思ったものだから、買わなかったのが惜しまれる。まあ法外な金額である（二十年×二百万円＝四千万円か）。

ところが、ふふ、おれんとこにはあるんだよ、という人たちがいるのである。たとえば退職記念に夫婦で豪華客船による世界一周旅行などを自分たちのご褒美にするような連中である。夫婦で少なくとも五、六百万円、多ければ一千万円の費用である。つまり、それだけ払っても、まだ生活資金に十分余裕のある連中である。しかも、定年後も十分な仕事と収入が確保されている。なんだか、やっかみになってきたね。べつにやっかんでいるわけではない。金があるのはたしかに羨ましいが、老夫婦のそんな船旅、どこが楽しいのかね、と思ってしまうからである。

ところがそんなことは夢のまた夢で、これから定年を迎えようとする大多数の人が、先輩の定年者にまず最初に聞きたがるのは、年金の額であろう。それに関連して、いつからもらったほうが得なのか、その場合、支給額はどうちがうのか、といった問題である。こんなことは役所のしかるべき人に聞くか、退職マニュアル本でも読めばいい。失業保険をもらうのはすでに織り込み済みであろう。

ほっとけば金はでていく一方なので、自営業で生活費くらいは稼ぎたいという人たちがいる。それも自分の好きなことを仕事にして。というわけで、喫茶店、パン屋、そば屋、農業、工芸などの店を持つ。テレビ朝日の「人生の楽園」というテレビ番組にでてくるような人たちである。そういう志のない人は、あるいはあっても、そのための資産のない人は、当座の契約仕事と年金と貯金で食いつないでいくしかない。畑も田んぼもなく、手に職もなく、資産もない勤め人は、仕事を辞めると陸に上がったカッパなのである。こんなにつぶしの利かないものだとは思わなかった。

ずぼらで負けてもしかたがない

つぎに心配なのは、健康であろう。大病もせずに、元気なままで長生きしたいというのは、だれもが抱く当然の願望である。ボケたくないし、他人の世話にも、子どもたちの世話にもなりたくない。それに病気になれば、体の不安もそうだが、これまた金がかかる。金がない人間は病気にもなれないのである。

そこでウォーキングに通販のさまざまなサプリメント。いや、サプリメントも金がかかるから、ラジオ体操やジョギングや適度な運動ということになる。中高年に流行りの登山は、登山の魅力もさることながら、健康にもいい、という要素があるのだろう。わたしはまったくやらないからわからないのだが。

なにしろ、健康は人生の基本である。ガンになったりボケてしまっては、何億、何十億円の資産があっても意味はない。しかも現在では損得勘定の生き方が主流になっているから、長生きは短命よりも「勝ってる」「儲かっている」ことになる。それだけこの世を長く楽しめるからである。いや、べつに楽しくはなくとも、長命はそれじたいで無条件に価値のあることになっている。

どんなに金があっても、どんなに偉くても、どんなに成功しても、どんなにモテていても、死ねば元の木阿弥《もくあみ》、一巻の終わりなのであって、やはり人間はまだ、というか、いつまでも終わりたくないのである。「つひにゆく道とはかねてきゝしかど昨日今日とは思はざりしを」で、「昨日」というのはなんだ、もう死んでるではないか、とは思うが、その日が「今日」ではあってほしくないのだ。

わたしは今自分が健康であるかどうかを知らない。勤めていたころから、もう十年以上検診を受けていない。受けなくなったことに他意はない。ただ面倒くさくなっただけである。もうこの先も受ける気はない。今のところ目立った自覚症状はないが、どこかが悪いはずである。不定期だがときおり、胃が苦しくなる。と、かならず咽喉《のど》も苦しくなり、同時にこめかみも苦しくなる。三点攻撃だ。水を飲むか冷や飯をのみこむと、即座に苦しさが消える。もう何年もである。内臓のどこかがおかしいはずである。おそらく胃だろうけど。

背中が痛くなることもある。四十過ぎの背中痛はまずいといわれる。膵臓《すいぞう》ガンに関係があるのだろうか。それでも検診を受ける気にはならない。いずれ後悔することになるかもしれないが、もういいのである。わたしの場合はこれまで、後悔先に立たずと後の祭りばかりであった。それ以外には、とくにこれといった症状は感じない。あとは不摂生で体が重い、喫煙のせいか階段を上るとすぐ息切れがする、時々膝が痛くなるといった程度である。たぶん血はドロドロであろう。

あきらかに体力は落ちている。度忘れは頻繁にある。時々灰皿にコーヒーをいれかけるような素っ頓狂なことをやって、おっとなにしてるんだ、と思うことはある。世間には、あれ？　風邪をひいたかな、病院に行かなくちゃ、というように、すぐ病院に行く人がいるが、あれが理解できない。

でもそういう慎重な人が最後には「勝つ」のであろう。わたしのはただのずぼらであり、ただの病院嫌いである。こんな人間が最後の土壇場で病院に行くと、「なんでこんなになるまでほっといたの！」と医者に怒られることになるのだが、死ぬのはこっちなのに、なぜ医者から怒られるのかその理由がわからない。

たぶん病気はある日突然くるのであろう。老化も徐々にではなく、いきなりガクンとくるといわれる。しかしそんなことを心配していてもしかたがない。ボケたらどうしよう、なんかどうしようもないのである。ボケたんだから。前もってジタバタしてもしようがない。脳トレとかクロスワードパズルとか数独など、頭を使え、といわれても、長続きしない。病気になったらそのときになって考えるしかないのである。考えても、もう遅いんだけどね。

心配の種の三つ目は、やりがいとか生きがいといわれるものである。仕事もなくなり、子どもたちも成人した。さてこれから日々を精神的に充実して生きるためにはどうしたらいいのか、ということである。そこで出てくるのが趣味だが、逆にいえば、はたして趣味だけで残りの二十年を暮らしていけるのか、という問題である。趣味があればまだいい。無趣味な人間はどうするのか、という問題である。

贅沢な悩みである。好きにすればいいのである。もしそんなものがほしければ自分で考えるしかない。他人から教えてもらうことではない。趣味が見つかればよし、見つからなくてもよし。三食食べられて、とりあえず健康なら文句をいう筋合いでもあるまい、と思う。

わたしはもう決めた。テレビを見て、散歩をして（自転車だが）、本を読むだけでけっこうである、と。あとは時々旅行。なにかをしたくなればするし、そうでなければやらない。「つまんねえ老後だな」と思われても、つまんねえもへちまもないのである。世間の評価でいえば、わたしはたぶん「負ける」であろう。「負け」て、ちっとも困らない。そんな評価に、もう、まったくとらわれない。

積極派、悠々派、いきあたりばったり派の三タイプ

とはいえ、このあたりで差がでるのが、何事においても準備をする人間か、ほったらかしの人間かということである。ご覧のように、わたしはいきあたりばったり派である。「ほんとだな、なんの参考にもならんわ」といわれそうである。だから世間は、でたとこ勝負の、なりゆきまかせの、やぶれかぶれはやめて、皆さん、定年後の設計はきちんとやりましょう、という忠告に溢れているのだ。

先の長山靖生氏もこういっている。

定年を迎えたからといって老けこむことはないのだが、それでも、会社勤めを終えた定年後の人間が、これから何かをしようとする場合には、そのなかに「老人になるための準備」を組み込んでおく必要はある。

もちろん、そこで準備すべき項目は、人によってそれぞれだ。経済的に不安のある人は、なおしばらくは働かなくてはならない。趣味も持てないほど、仕事に熱中してきた人は、今後の人生を豊かに生きるための趣味や生き甲斐を見つけることが、大きな課題となるだろう。健康維持、伴侶・家族との付き合い方を含めたライフスタイルの変更など、これらをトータルしたライフプランが求められる。

計画を立てたからといって、健康問題など、思い通りにいかないことが出てくるかもしれない。だが、だからこそあらかじめ計画を立てておき、問題が起きたら変更できるようオプションも考えて対応するのが望ましい。将来どうなるか分らないから、計画を立てないというのでは、年金未納のフリーターといっしょになってしまう。

（『日本人の老後』）

長山靖生氏は一九六二年生まれで、今年四十七歳のはずである。まだ定年後や老後を語るには早すぎるのである。長山氏自身にも、ほんとうはそんな切迫感はないだろう。「トータルしたライフプラン」などと聞くと、「ぷふっ、できるもんかい」と思ってしまうのである。今日一日のプランだってわからないのだ。どうだっていいのだ、そんなもんは。

いっていることはわかる。もっともといえば、もっともである。実際に、五十歳あたりで、そろそろおれも定年後の人生設計をしておかなくてはな、と用意周到な人がいるかもしれない。だが、そういう人は定年だからといってそう考えるのではない。元々、それまでの人生のどの段階でも用意周到な人だったのである。何事にもぬかりがなく、綿密緻密という人はいるものである。

これは性格といっていいのか。積極的な人がいれば、消極的な人がいる。きちんとやろうぜという人がいれば、めんどくさいなあ、どうでもいいじゃないかという人がいる。計画的な人がいれば、なんとかなるんじゃないの？　といういきあたりばったりの人がいる。くどいが、わたしはいきあたりばったり派である。で、これが案の定、失敗するのである。たぶん勝ち負けでいえば負け越しているはずである。多少の後悔がないわけではない。しかし、改まらない。改める気もない。

まことに用意周到な人というのはいるものである。ちゃんと老後の設計もして、定年後の住まいや自分のやりたいことや資産などをきちんと計算し、着々と準備をして、それを実行に移してしまうのだ。菜園をやったり農業をしたりそばを打ったり陶器を焼いたりカフェを開いたり地域活動をしたり登山をしたり海外移住をしたりしてしまうのである。健康管理にも気をつけ、ウォーキングなどもして、めでたく百歳万歳と褒められたりするのである。

それにくらべて、いきあたりばったり派、これはどうにもならない。前半生をそんなふうに生きてきたもんだから、この先も同じである。だらしない生活で体はたるみ、「老」でさえどうしていいかわからないのに、その「後」のことなんか知るもんか、と嘯《うそぶ》いて、なにもせず、金がなくてもなんとかなるんじゃないの、と思っているが、じつはなんともならないことを知っていて、そのくせなにも手を打たず、というか打つ手もなく、家でテレビをボーッと見るか、近所の喫茶店に行っては、いまさらそんなもの読んでどうなるんだ、と思うほど、とっかえひっかえ一般紙やスポーツ新聞を読むしかないのである。

で、差がついちまったなあ、と嘆じはするものの、一〇〇パーセント自業自得であるから、だれを恨むこともできない。できることなら、そんな生き方で悠々派になりたいものだ、などと虫のいいことを考えているのである。が、そういうふうにはなれない。悠々派はもっとバランスのいい人間のことであろう。金にも健康にもすることにしても、もっと余裕のある人間が巧まずして生きる道のことであろう。

が、もうそれでいいのである。好きにすればいいのだ。計画を立てて、そのとおりに着々と事を進めることができる人間は、人からいわれなくてもやるのである。そうか、計画を立てないといけないのか、と思うのは、きまっていきあたりばったり派の人間である。だが、そうは思うのだが、本気ではない。「計画を立てるって、どうすればいいんだ」と思い、「まだいいやな」と思ってぐずぐずしてるうちに忘れてしまい、気がついたらもう退職の年になってしまうのである。

わたしは夏休みの宿題などで計画を立てるのは好きだった。受験勉強では一日の時間割や、何月から何月まではこの教科とこの教材、などと計画を立て、それだけで何かを達成した気分になったものである。三日坊主で、何かを継続してできたためしがない。明日やればいいな、というのがだらだらとつづき、万事がこの調子で、そのため取り返しのつかないことになって、マイナスの事態にばかり遭遇し、自業自得なもんだからだれも恨むことはできないのであった。

「備えあれば憂いなし」といわれる。そう、憂いなんかできればほしくない。大地震の用意のために貴重品はまとめておくこと、家具や食器棚やテレビなどは倒壊しないようにすること、非常用食品や防災用品の用意、勤務先から自宅までの帰路確認、家族の集合場所の確認、などがいわれ、まあいいことではあろう。しかし、わたしはなにもしていない。

これらはまあ、その気になりさえすればだれにでも準備可能である。技術の問題だからである。受験勉強なども、自分ががんばればいいだけなのだから、計画を立てて実行するのはもちろん可能である。「気をつけよう甘い言葉と暗い道」も気のつけ方はある。が、大地震や豪雨による土砂崩れや川の氾濫に気をつけてくださいといわれても、これはどう気をつければいいのだろうか。ビンボーにならないように、ガンにならないように、ボケないように、といわれても、いったいどう気をつけたらいいのか。

老後の生活設計、「トータルしたライフプラン」といわれてもなあ。計画の立てようもない人間もいるのである。計画を立てるには金が必要なのだ。計画とは手持ちの資産と手持ちの健康で、より楽しくより健康でより安定した生活のための最大効率を計るものであろう。となると、もう定年時、老年の入り口で生活設計の中身は必然的に決まってくるのである。月の年金がこれこれで、貯金がこれこれで、それであと二十年生きるとすると、年にン百万、となると月々使えるのはン万円か、というのは計画でもなんでもない。ただの事実確認である。計画を立てられる人は幸いなり。

自分の努力でなんとかできるものなら、なんとかするのである。努力で一億円稼げるものなら稼ぐのである。根性で死なないでいられるなら、根性をいれるのである。だいたい、憂いのない老後、なんてあるのか、ともうやけっぱちである。人生は用心棒で戸口を固め、心張り棒で家具を固定するようなわけにはいかないのである。「転ばぬ先の杖」といわれるが、その「杖」がないのだ。「年金未納のフリーター」は納めたくても納められないのである。

あなたにはあなたの「定年後」しかない

人はなぜこの手の「退職」だの「定年」だの「老後」だのの本を読むのか。不安を解消し、実用として役立て、より安心で安全で充実した生活を手に入れたいからであろう。「仕事ができる」だの「論理的な思考ができる」だの「儲かる」だの「頭がよくなる」だの「もてる」だのといった本を読むのも、みなおなじような動機からであろう。

が、たぶん役に立たない。自分には関係のない「平均的なリアル」しか書かれていないからである（ゆえに本書もあなたの役には立たない）。だからわたしはこの手の本にはまったく興味がない。本でそんなことを教わろうという気がないからである。それはウソだろ、このインチキ野郎が、と思っているからである。

まったく読まなかったわけでもない。本を書くための参考にいろいろ読んだことはある。それだけの経験しかないが、むろん役に立たなかった。こんなメンドーなことできるもんじゃないとか、テキトーなことといってるなあとか、そんな感想しかなかった。「おまえに合う服や靴などない。おまえが軍服や軍靴に体を合わせるのだ」というような旧軍的発想を感じてしまうのである。

時代は一方で「豊かな第二の人生」「セカンドライフ」と高らかにいう。退職後のマネープランをどうするか？　あなたに会うと元気になるといわれるにはどうしたらいいか？　充実した老後や満足生活にするには？　などなど。他方で老後不安を煽る。定年後には四千万（六千万とも）必要だよ、孤独死だ、老老介護だ（煽っているわけではないが）などなど。われわれはその間で右往左往する。当然のことだが、みんな豊かな「セカンドライフ」派（安心組）に入りたいのである。

そのために、本や雑誌やテレビで役に立ちそうな情報をせっせと求める。みなもっともらしいことをいい、役立ちそうなことを書いてはいるが、結果、役に立たない。あたりまえのことである。ほんとうの「安心組」はそんな情報など必要とせず、それを必要とする人間はそんな情報を聞いたところで、生活の条件が変わるわけではないからである。

大企業に勤めている三十過ぎくらいのお兄ちゃんの年収ほどの退職金しかない人がいて、退職金もない人だっているのだ。世間はいろいろなモデルを示してくれるが、結局気づくことは、あなたにはあなたの定年後（老後）しかない、ということである。

ことは「定年後」だけにかぎったことではない。考えてみれば、これまでの人生だってすべてそうだったのである。若いときには志望した学校があり、就きたい仕事があったはずである。一緒になりたい異性のタイプがあり、思い描いた生活や人生のかたちがあったにちがいない。もっと明確な夢や希望を持っていた人もいたにちがいない。むろん、そんなものはまったくなかったという人もいるであろう。

だが、いずれにせよそれから茫々数十年。そんな志望が思い通りに叶った人はごくわずかの人だけではないか。もちろんわたしも含めてほとんどの人は、背に腹はかえられないと、目前の、手近なところで、落ち着いてしまったのである。志望しなかった学校に行き、思いもしなかった仕事に就き、タイプではない異性と一緒になり、それで大した不満もなかったのである。

それどころか、とりあえず就いてしまった仕事だったが、その全体像がわかるにしたがってけっこうおもしろく、力を尽くすようになり、そこで偶然知り合った人間のなかにも気心の通じ合う出逢いがあったりしたのである。「心ならずも」の選択と進路と場所だったものが、いつのまにか「心あるもの」になっていったのである。

もっとよりよき場所を目指した人はいるだろう。有為転変を繰り返した人もいるだろう。「〜になる方法」「何十歳までに知っておきたいこと」「〜の資格をとる」などの本を読み、考え、力をつけ、人脈を広げ、自分だけは安定とやりがいと成功を手に入れてやると、着々とキャリアアップを図った人もいるだろう。

だが、それも含めて結局「あなただけの人生」だったのである。時代や世間がなにをいおうとも、である。人気企業ベストテンランキングの会社に入ろうと入るまいと、有名になろうとなるまいと、成功しようとすまいと、つねにあなたの人生はあなただけの人生であるしかなかったし、現在もそうである。

このことを腹の底で納得することが大切だと思う。「豊かなセカンドライフ」といわれても、急に新しい世界が開けるわけではない。定年退職後や老後はこれまでの人生の延長である。「平均的なリアル」もほんとうは関係がない。どこかにうまい秘策が書かれているわけではないのだ。

第三章　もう六十歳とまだ六十歳のあいだ

こころのリアル

人間の年齢は社会的年齢である。自分の年齢など、ほんとうは自分にとっては大した意味などない。ただ社会生活上必要なだけである。毎年誕生日がやってきて、お祝い事などをする慣行だが、もうこの年になるとうれしくもなんともない。誕生日を祝うというのは、あれはキリスト教伝来なのか？　日本でも昔からやってたのだろうか。元服や七五三の儀式があったから、武士にも庶民にも年齢意識はあっただろうが、誕生日を祝ったということはなさそうに思われる。

まあ調べる気もないのだが、毎年毎年誕生日がやってくるたびに、ああまたひとつ年をとったか、と思ってしまう。つい社会的年齢を意識するのだ。それぞれの年齢の区切りで、意識の変化もあるようである。二十歳で、これでやっと大人かと思ったのが、三十になると、青春は完全に終わったなと落胆する（遅すぎる？）。四十で、もうおっさんおばさんの領域突入かと思い、五十になると、いよいよ人生の後半戦だよとしみじみとし、六十になると還暦などと呼ばれて、正真正銘のおっさんおばさんになっちまったな、となるのである。

だが、そんな感慨を抱くのも束の間で、みんなそれぞれの年齢にすぐ慣れてきたのである。そりゃそうだよね、年は食うけど、自分の中身はほんとうをいえば昔からほとんど変わっちゃいないのだから。

二十歳になれば殊勝にも、これで子ども時代ともおさらばだ、すこしは大人らしくならないとな、と思い、そのことがその後の言動に多少の変化をもたらすことはありうる。だが、それもまた一瞬だ。中身を変えることより、今までの自分のままでいたほうが楽だからである。まして、四十歳になって、そうかおっさん臭くならなければなとか、六十になって、さてそろそろじじいのこころに変えなければ、などと思う人はいない。

わたしのこころは基本的に幼少年期からずっとおなじものである。中年になってもこころはひとつだ。あちこち傷がつき、あるところは柔らかく、あるところは堅く、あるところは広く深く、あるところは狭いままだが、基本的には、子どものときから持ち運んできたこころである。中年になったからといって、中年用のこころと取り替えるわけではない。見た目はどこから見ても中年男なのに、こころはそうではないのである。わたしはこれを自分年齢だと考えるが、その中核は、多くの人にとっては少年期や思春期のときのこころのままではないのだろうか。

つくづく感じるのだが、わたしが生きているのは、いまだに昭和三十年代、四十年代のようである。これが顕著なのは、趣味や嗜好や言葉遣いに関してである。好きな音楽や服装は基本的にあの当時の感覚のままである。「マジ」だの「ヤベ」だのは絶対にいわない。レイ・チャールズの「愛さずにはいられない」、ニニ・ロッソの「夜空のトランペット」など、懐かしくてしかたがない。着るものはいまだにTシャツとジーパン。半ば刷り込みだねこれは。

要するにわたしは、内面はいまだに昭和中期の男なのである。多少成長はしたかもしれないが、こころの基礎は十代から二十歳前後のままである。で、それでなんの文句もないのである。もちろん、そうでない人もいるだろうから、多分にわたし自身の性格もあると思うけれど。

子どもの容貌（外見）とこころ（内面）は対応している。顔が子どもならこころも子どもである。少年や青年もだいたい対応している。十代の早い時期までに、その人間のこころの大部分が固まると考えていい（三歳まで、ともいわれるが）。人は基本的にこのこころを持って、それ以降の人生を生きていくのである。このこころの自分年齢が、たとえ社会的年齢が何歳になろうと、それが自分の「こころのリアル」である。愛憎半ばするこころだ。

ところが四十歳になり、五十になり、六十になるにつれて、このこころと容貌とが激しく対立するようになる。つまり、容姿はもうどこから見てもおっさんおばさん、なのにこころはまだ十代の頃のまま、というギャップである。年をとるにつれて、容姿（生理的年齢）とこころ（自分年齢）の乖離《かいり》が激しくなっていくのである。

これに社会的年齢が加わる。五十歳になると、いくらこころはまだ若いと自分で思っても、社会的には立派な初老なのである。白髪が増え、筋肉が衰え、目が見えにくくなり、見た目の生理的年齢はすでに六十歳なんて人もいるのである。かと思えば、由美かおるのように、社会的年齢は五十九歳だが、生理的年齢はまだ三十代みたいな人もいるのである。わたしたちは社会のなかで生きている以上、社会的年齢も生理的年齢も無視するわけにはいかない。

六十歳の女性、山で転落死、などと聞くと、「ああ、おばさんかわいそうに」と思うのだが、自分はその六十歳を超えているのである。自分には「おじさん」という意識がないのである。若いとはむろん思っていないが、じじいだとも思わないのである。だが、世間的には（社会的年齢としては）立派なじじいであろう。あろう、というのが未練がましい。じじいである。というのも、六十という年齢には否でも応でも「じいさん、ばあさん」という社会意識が染みついているからである。

社会的年齢と生理的年齢と自分年齢は絡み合い、相互に反発しあって一致することはあまりない。そのときは一も二もなく、自分年齢を優先すればいいと思う。いいも悪いもない。そうするしかない。基本的には自分の「こころのリアル」に従って生きていくのが一番である。

しかし、鏡を見ると、そこに現在の自分が見えるのだ。なんで、いつの間にこんなに老けたのかねと思う。これがおれなのか？　と思う。男のわたしでさえそうなのだから、女の人はそれどころではあるまい。「これはわたしじゃない！　あんなに美しかったのに（それはまちがい）！」と思うのではないだろうか。

ようするに、押さえこんだはずの生理的年齢を痛感するのだ。下降していく肉、浮き出るシミ、たるむ腹、くっきりと刻まれたほうれい線を認めたくはない。とうてい人生の年輪といった立派なものとも思えない。なにがいぶし銀かね。紅葉や黄色いイチョウの葉が散るのにはそれなりの美しさがあるのに、このわたしのザマはなんだろうか。が、それもまたもうひとつの「自分のリアル」である。それもまたきちんと認めてやらなければ、この老け顔にも申し訳が立たないではないか。

まだ六十歳か、もう六十歳か

寄る年波を意識しはじめるのは五十歳くらいだろうか。否応なく、もう若くはないなという意識がやってくるだろう。過ごしてきた時間よりも、あきらかに残された人生の時間のほうが短いのである。とはいえ、まだ老けこむ年ではない、という意識もある。まだまだ若いぞ、と思いたい。いや、こころのなかは実際にまだ若い頃のままなのだ。この五十の老け顔のほうがウソなのだと思いたいのである。

これが還暦の六十歳になったらどうか。五十歳も六十歳も大した違いはない、ということで、年齢意識が劇的に変わることはない。が、この還暦という言葉は、もうおまえは完璧にじいさんばあさんの領域に入ったのだ、と思わせられてなんとも不愉快なものである。還暦とは赤ん坊に戻るという意味もあるといわれるが、意味不明である。あの赤い頭巾に赤いちゃんちゃんこという格好が、まあ嫌である（わたしはもちろんやってない)。赤いネクタイも赤い座布団も赤ふんどし(そんなやつはいないが)も嫌である。まったくなんてえ風習なのだ。

六十歳という年齢はじつに中途半端な年齢である。身体的に、もう若くないことははっきりしている。では、じいさんばあさんかというとまだそうでもない。初老という言葉がまた微妙なのだが、八十歳くらいまで生きるのが普通になってくると、六十なんてのはまだまだなのである。七十や八十のじいさんから、六十なんかまだ鼻たれ小僧とかいわれてしまうのである。まあ年寄りの世界のなかで、若いといわれてもうれしくもなんともないのだけど。

生理的年齢もおなじで、今では元気な六十歳がほとんどである。昔なら、もう死んでいてもおかしくないのである。しかし体もまだ動くし、思考力だって劇的にダウンしているわけではない。その点からいうと六十歳定年というのは、その現状に合っていないといわなければならない。六十五歳定年の会社が増えているようだが、それが主流になってもいいくらいである。つまり社会的年齢としても生理的年齢にしても、六十歳というのは「まだ六十」である。で、だいたいこころじたいがまだ若い頃のまま(悪くいえば幼稚)ではないか。

これが七十になったり八十になったりすると、どうなるのか。まだなったことがないからわからないのだが、意識はそれほど違わないのではないかと思う。生理的年齢とのギャップが激しくなるから、その点で不全感は増すのではないかとも思われるが、それもまた個人差があることだろう。

上坂冬子がこういっている。二〇〇九年四月に亡くなった。七十八歳だった。

人生は長生き競争ではないのだから、ただ長く生きればいいというものでもあるまい。死にごろというものがある。

「死にごろっていえばいまごろがちょうどいいんじゃないの」と、無責任にいった人があるが、正論に対して怒るわけにもいかない。たしかに七十代という年齢は、コワイものもないし物事への異常な執着もなくなって、心地よい世代ではある。

（上坂冬子『ときめき老後術』海竜社）

そうか。七十代は「心地よい世代」なのか。むろん、ほんとうに上坂がそう思っていたかどうかはわからない。ただ上坂がいっているのは、「まだ」という未練意識がもうほとんどなくなり、見栄も体裁もなくなって、ふっきれてしまったという「心地」よさなのかもしれない。「まだ」だの「もう」という意識は、まだ若い、もう若くない、という意識を巡るものであると同時に、まだ死から遠い、もう死に近い、という意識を巡るものでもあろう。

六十歳という社会的年齢は、老人界の新参者である。自分年齢では「まだ若い」という意識のなかで生きているが、その裏側では、こっそりと「老後」のことを考えているのだ。「もういつ死んでもおかしくはない」という意識がこころの底にやはり食いこんでいるのである。

当然、ふだんはこんなことをいつも考えているわけではない。ふだんあるのは、日々のたあいもない日常意識だけであろう。だが、年をとるごとに、社会的年齢を意識させられてしまう。容姿の衰えや体の変調を意識するたびに生理的年齢を意識してしまう。にもかかわらず、自分年齢はいつまでも若い。わたしたちはこれらの三つの年齢のまだら模様の「こころのリアル」を生きるしかないのである。

はっきりいって年寄りは醜い

でもですねえ、ミもフタもないことをいうと、六十歳の男女は、はっきりいってもう見た目が汚いよね。みなさん、すまぬ。わたしもそのなかに入っているから。一般的には、やはり「老い」は醜いのだ。自分たちですら、自分が汚くて嫌なのだ。しかたのないこととはいえ、そうなのだ。

でも心映えだけは立派！　といいたいが、これまた様々な未練を引きずって幼稚なのだ。口では「年を重ねた美しさ」「シブさ」「いぶし銀」などといいながら、だれもそんなこと信じていないのである。いったい「いぶし銀」ってなにかね。目の前に若返りの方法があるのなら、みんな即座にそっちに飛びつくのである。

「若さ」や「美」に固執するのは女に多いと思われるが、いやいや男も中々である。かれらがとくに強調したがるのは「元気」である。「おれ、まだ現役だよ」というその顔がもうヒヒジジイじみて卑しいのである。なにかといえば、すぐに「まだ若いもんには負けん」といいたがるのである。

「まだ若いもんには負けん」。こういうことをいうことじたいが、すでに負けている証拠である。「まだジジイには負けん」などと、じいさんと張り合う若者などひとりもいないからである。年寄りの完全なひとり相撲である。いくら「まだ若いもんには負けん」といっても、「若いもん」からはまったく相手にされていないのだ（阪神の金本知憲などが「まだ負けん」というのは別。実力を競う場所ではそういうことは当然ありうる)。

「若いもんには負けん」意識が物悲しいのは、年寄りがやはり「若さ」という価値にとらわれているからである。逆にいうと、老いとは容貌において負け、体力において負けているとわかっているのだ。なぜ「若さ」は価値なのか。それだけではなんの価値もないはずである。だれもが通過する人生の一時期にすぎない。

だが、なんといおうとこの時期は特権的な時期である。幼児期、少年期、青年期、壮年期、老年期という人生のすべての時期を通じて、少年期と青年期は人間としてもっとも「美しく」もっとも「元気」な時期と考えられているからである。まあ実際にもそうだけどね。若さのピークは十八歳から二十八歳くらいまでの短期間だけで、それ以降は徐々に確実に失われていくものであるがゆえに、なおさら希少価値とみなされるのだろう。
四十、五十になると、あとはもう衰退し凋落《ちょうらく》していくだけでしかない。だれもがもう「美」や「元気」のピークはとっくに過ぎたと感じるのである。それが六十ともなれば、過ぎたどころの話ではない。だがその事実を認めたくない。もう若くないと知りつつ、いやまだ若いはずである、若さを保てるはずであると思いたいのだ。「こころのリアル」だけでは不満で、それに相応しい「外面のリアル」も欲しいのだ。目をつむれば、ああ、あの若き日の自分がまだ浮かんでくるではないか。

だから五十や六十になっても「おれの肉体年齢はまだ三十代だって！」とか「皮膚年齢は四十歳だって！」と自慢したがるのである。マラソンをやりボディビルをやりロードレーサーに乗って、だれから訊かれてもいないのに「若さ」と「元気」を強調するのだ。もちろん、人それぞれだから、なにをやろうと傍《はた》からとやかくいうことではないのだが、どこからみても無理、無謀が滲みでているのは否めない。

体力は衰え、正直いってきつい。体を鍛えるのはつらい。時間もかかる。それに、期待したほど効果が現れない。もっと楽に「若さ」を粉飾できないものか。金ならあるぞ。というわけで、信じられないことにまだこんなことをやっているのだ。「（中年）男のおしゃれ」である。こりゃあ黙っておれない。

今年三月に定年退職した六十歳のHさん。夫婦で旅行にでかけたり「第二の人生」を楽しんでいる。ただ悩みは「マンネリ化した私服」だ。これまでは「着やすければいい」でやってきた。ヘアスタイルも七三分け。

で、オンワード樫山商品・技術・マーケティング開発部メンズ課長、松屋専門課長、資生堂ビューティークリエーション研究所シニアビューティーディレクター、同ビューティーアーティストの四人が協力して（よってたかって）Hさんのイメージ一新を図った、と。まず髪形はふわふわに盛り上げた（涙ぐましい！）。洋服は麻素材の紺色ブレザーにミディアムグレイのパンツ（ズボンのことだ！）。ボタンは夏に合わせてシルバー。その下には細かいフラワープリントシャツとベルト、それにデッキシューズを紺色で統一して「マリン風のさわやかなコーディネートに仕上げた」。

さーてその結果、どうなったか。ご本人のHさんは「花柄を自分で選ぶことは絶対になかった。地味でもなく派手過ぎもせず、違和感なく着られました」とコメントして、満更でもないご様子である。当然、紙面にはHさんの変身前と後の全身写真が掲載されている。うーむ。失礼ながら、なんという勇気であろうか。しかしやってみると意外と気分がいいものなのかもしれぬ（ちょっとお世辞）。わたしはごめんこうむりたい（Hさんもそのうちまた元に戻るのだろうなあ）。その変身した夫を見た五十八歳の妻は「こんなファッションで一緒に海外旅行に行ってみたい」とこれまた「大満足の様子」（『毎日新聞』二〇〇九年七月九日付朝刊）。

どうぞ、どこにでもいってらっしゃい。

「若づくり」というのではなさそうである。中年男性にふさわしく、一応清潔でおしゃれな服装ということになるのであろう。だが髪の毛ふんわりに花柄プリントとくれば、やはり「若さ」を意識しているといわざるをえない。「若さ」ではなく「若々しさ」か。まあ、どっちでもいいのだが、やはり「老け」は嫌なのだ。高齢者はわかっているのである。四人の協力者もほんとうはわかっているのだ。年寄りはやはり醜い！　ということが。醜いがいいすぎなら、汚い！　汚いがいいすぎなら、なんか知らんが、くすんでいる！　ということが。

わたしには「まだ若いもんには負けん」という意識がまったくない。そもそも勝ち負けの意識がない。「若々しく」見られたい、という気持ちもない。「若いねえ」といわれて、「いや、どうも」とやにさがることもない。そんなことといわれても（時々、いわれる）、ちっともうれしくない。かえって恥である。「若い」といわれても、それはあくまでも「老い」のなかの「若さ」でしかないんだからね。ようするに、なにをどうしても、ジジイはジジイなのだ。

なるほど、「若い」ということはいいことである。が、わたしはもはや「若い」ということに価値をあまり置いていない。「元気」もどうでもいい。わたしは世間には抗《あらが》うが、自然にはあまり抗わないのである。なんですぐ「花柄」なんかにいっちゃうのかね。むしろ逆効果ではないのか。

死んだ父親が晩メシを食べながら、よく、「今日は駅まで行く間に若いもんを何人追い抜いたぞ」と自慢そうにいっていた。しかたないから、「ほう、すごいね」というとガハハと笑った。追い抜かれた「若いもん」はそんなことまったく気にしていないのである。しかし、そんなオヤジのほうが、人間としてはおもしろいのだろう。ふつうでもあるのだろう。わたしは人間として、おもしろくないのである。

Tシャツのすそはズボンの外に出せ!?

本書のテーマに関係ありそうだなと、有川浩《ひろ》の『三匹のおっさん』を読んでみた。建設会社に勤めていて、剣道の師範でもある主人公が定年退職をする。そこで、その友人で柔道の達人と、機械部品の工場を経営するもうひとりの友人の三人が、中年自警団を結成して近隣の小悪を退治するという物語である。著者の狙いは現代の時代劇か。昔のテレビドラマ「三匹の侍」のもじりであろう。

そのなかに、こんな場面が描かれている。高校生の孫が主人公にこのように説教するのだ。定年退職をした剣道師範の主人公が、孫から服装指南をされる件《くだり》である。これが、小説とはいえ、じつにくだらんのである。

「んなことねぇよ。着こなしだ着こなし。いいか、ボタンびっちり留めてズボンの中に裾入れて着るもんじゃねえぞ。中にTシャツ着て上着代わりに羽織るんだ。ボタンは留めない、これ基本。ボタン留めるとしても上二つか三つくらいまで外して、裾はズボンから出す。Tシャツもパンツ――ズボンの中に入れるなよ。ズボンはベージュ系の綿パンツかジーンズでいい。靴はジーサン、スニーカー何足か持ってたろ。あれでいい。間違ってもビジネスシューズとか履くな」

（有川浩『三匹のおっさん』文藝春秋）

作者はこれが現代のくだけた祖父・孫関係だと思っているのだろうか。

こんなナメられた口調でバカ孫からいわれた主人公が、しかしTシャツをズボンの中に入れなかったらスースーするじゃないか、と反論すると、「アンタらってポロシャツでもTシャツでもカッターでも何でもかんでもズボンの中に突っ込むだろ」「あれだけでもう年齢十歳増しだから！」「還暦過ぎても世間からおっさん呼ばわりされたいなら服装で努力をしろ！　ジジイと呼ぶなって粋がったって、結局アンタら服買う段階で負けてんだ」といわれてグウの音《ね》もでないのである。

鼻白む、とはこのことである。なんだ、「アンタら」って。「ジジイ」ではなく「おっさん」と呼ばれたいのなら（ある中年男がおれをジジイと呼ぶな、おっさんと呼べ、というのだが、そんなマヌケな中年男いるのかね）、「コーディネート」を考えろという孫に、腹立たしいことに、六十歳の主人公がまたこのようにお伺いを立てるのだ。

「合わせるTシャツやズボンはどんなのがいいんだ」

するとも頭の悪い孫がまた偉そうに指示するのである。「何でもいいよ、そんなもん。けどチェックだけは絶対不許可だ、これは鉄則だから覚えとけ。ジャケットもネズミのチェックとか駄目だぞ。そんでTシャツをズボンから出すのはベルト隠しにもなるからいいんだ。どうせジーサン、スーツ用のベルトしか持ってねえんだろ」

自分の孫からこんな口調でいわれて、うれしいのかね。「これは鉄則だから覚えとけ」とはなんのつもりか。そんなものはたかだか、一部の若者のファッション感覚にすぎない。ところが主人公はそのファッションに身を包むのである。ばかじゃなかろか。それで身だしなみと礼節を重んじる剣道の師範なのかね。

と怒ることもない。これは四十歳前の女性小説家が頭の中でこねくりまわして書いた小説にすぎない。それにどうも世のおじさんたちはすでに、この孫がいうようなファッションになんの違和感も感じず、そのとおりにしている人が多いように見受けられるからである。シャツは外にだしているのがほとんどである。いまや、ばかじゃなかろか、などと思うのは、おじさんのなかでも少数派である。

わたしはTシャツはズボンのなかに入れ続けるのである。なにしろ昭和中期の男だからね。ほんとうはこんなこと、どうでもいいのである。たかがシャツのすそなのだ。ところが、こんな小さなことが人間は気にかかるのである。どういうつもりか、ポロシャツの襟を立てたりしたがるのである。

わたしは履物は一年中ほとんどサンダルである。楽が一番である。会社員だったときとちがって、もうわたしにはお客さんはいないのである。サンダル履きでもだれにも失礼にあたらないのである（もちろん、のべつまくなしではない）。こんなこと、定年退職者の特権だというにはあまりにも小事だが、まあ退職とはそんな程度のものである。

やはり美しさは行為である

ある日、電車に乗っていた。向かい側の座席に二十歳前後のみんな似たような若い女四人が並び、その横に中年男。その横にわずかな隙間があって、太っている七十代とおぼしきおばあさんが坐っている。それで六人。そこへ次の駅で登場したのは、やはり太った七十代くらいのおばあさんである。乗車するや、坐るところはないかと空席を探している。

坐っているおばあさんと席を探しているおばあさん。はっきりいって、二人ともきれいなわけではない。着ている服も当然暗め。髪の毛は無造作で、皮膚は劣化し、体型も崩れている。四人の若い女たちはとりたてて美人ではなく並みだが、若いというだけで明色であり生気に満ちている。

と、坐っているおばあさんが、立っているおばあさんの後ろ姿を見て、隙間を広げたのである。隣の中年男、気づかないのか動かない（気づかないはずはなかろう）。坐っているおばあさん、目で、後ろ姿のおばあさんに〝空きましたよ〟と見上げると、立っているおばあさん偶然振り向き、坐っているおばあさんの目に気づき、小さく会釈しながら着席。席はきちきちではあるが、よかった、よかった。

坐れたおばあさんは目のおばあさんに礼をいい、もう二人で、暑いですねえ、みたいな会話を交わしている。声は聞こえない。その間、その左方に坐っている中年男と若い女四人は身じろぎもしない。微動だにしない。女四人は揃いも揃って携帯を右手に持ち、全員おなじ高さに保ったまま一心不乱に見入っているのだ。グループではない。他人同士である。おまえさんたちは携帯を持ったモアイ像か。

そのときに、まあこんなたったひとつのことでいうのもナンですが、思いましたね。美しさはやはり行為である、と。

いうまでもなく、見た目の美しさというものは、ある。たしかに若さは老いよりも美しい。当然のことである。表面的な美である。人がこの美に魅かれるのはしかたがない。人気者はみな顔がいいのである。が、この美は、もしその人間の言動が醜ければ、そんな美などに意味はないとあっさり損なわれる。顔のいいのがなんぼのもんじゃ、というわけである。見た目はきれいだが、食ってみたらまずかったという料理はいくらでもあるのである。寿司を食べるときも、どんな料理のときでも、絶対にコーラを飲むというアイドルがいる。顔もスタイルも一応かわいい。が、それはいかんのである。浅くて愚かな儚《はかな》い美でしかない。

長山靖生氏はこういっている。これは正しい。「『若さ』以外の価値観を見出すこと。これもまた、長い時間を生きた者の、大切な人生の仕事なのではないか。そうでなくて、どうして老いていく自分を肯定できようか」（『日本人の老後』）

年を重ねた美しさ、なんかいわない（年はとるものだ）。精神的な美、ともいわない。が、否応なく「本質は現象する」。現象しない本質は存在しないも同然なのである。二人のおばあさんは美しかったのである（あたりまえといえば、あたりまえの行為なのだが）。地味な服装も、太めの体型も、シワシワの皮膚も、無造作な髪も、どうでもよく、光景として美しかったのである。中年男はいかにも不様《ぶざま》で、四人の若い女たちは気の毒なことに、まったく美しくなかったのである。

こころが若いのはいい。しかし、なかには気位《きぐらい》も利己心も無作法も昔のままというじいさんばあさんがいる。こうなると、これほど醜い生き物もない。外見の醜さに内面の醜さが二乗されて、にっちもさっちもいかないのだ。年寄りのわがままは許してあげなくちゃ、という気はわたしにはまったくない。六十年も七十年も生きて、いったいなにをしてきたのだといいたいくらいである。

現代の年寄りに賢人の智慧《ちえ》を求めるのはもはや無理であろう。しかしもう六十歳なら、せめて行動の美くらいは自分のものにしたいと思う。老醜ほど見苦しいものはないのである。「若さ」にも当然この行動の美はある。が、「老い」のなかの美は、衰退のなかから現われ、来るべき死から反照されているがゆえに、一層美しいものと思われるのである。結局、老人であれ若者であれ、人間の美しさは行動（言葉）の中にしかない。精神の美しさはその行動（言葉）として「現象」するのである（しかし、見せかけだけの「現象」が多々存在するから要注意）。

残る俗情をどうするか

六十歳以上の男女が集う地域親睦団体で話をさせてもらったことがある。お断りしたのだが、断りきれなかった。その団体にはパソコン、語学、ダンスなどいろいろな分科会があり、イベントも開催したりして、かなり大規模な団体である。話の最後で、会長らしき人から「高齢者の性についてどう考えているか」みたいなことを訊かれた。かれの真意は「まだ、したい気があるんだが、どうしたらいいんだろう？」という軽い（もしかしたら、必死な？）気持ちだったと思われる。わたしに明確な答えを期待していたわけではあるまい。

実際、わたしはそんなこと知らないのである。むしろ、こっちが会長に訊きたい。「あなたはどう考え、どうしてるんですか」と。いや、ほんとは訊きたくもない。そんなこと、法に触れない範囲内で、勝手に、好きにすればいいのである。というより、それしかない。「まだ、したいんだが……」なんて、そんな気持ちがあることはしかたのないことだが、そんなことだれも知ったこっちゃないのである。「高齢者の性」

もへちまもあるもんか。若者だって、中年だって、おなじである。そういう機会に恵まれる者はすればいいのだし、そうでない者はがまんするしかないのである。

そんなことだったら、だれにでもいえる、なんの答えにもなってないじゃないか、といわれても、「答え」なんか元々ないのである。あるはずがない。「勝手にしなさい。だめなら、がまんしなさい」が「答え」である。「もてない男はどうすればいいんだ？」「もてない男の気持ちがおまえなんかにわかるか？」なんか、生意気なのである。自分の気持ちは理解され、希望は叶えられなければならない、というのが現代日本人の迷妄である。「自分のこの気持ちをどうしてくれるんだ？」など成立するわけがないのだ。「この気持ちを満たしてくれない相手（社会）が悪い」なんか、もうバカ丸出しである（これがストーカーだ）。

だれかに訊けば、明確な答えを出してくれる。本を読めば、適切な答えが書いてある。そんなことはありえないのである。赤の他人に「答え」を求めるのがそもそもまちがいである。いかにも「わたしがお答えしましょう」みたいな本があっても、そんなもの役に立つはずがない。あたりまえのことである。

探せば、中高年や老年と性、ステキな性や豊かな性、といった類の本があるだろう。みんな「中高年の性問題」、「老年の性問題」として書かれているだろう。なんでもかんでも「問題」である。人間はいくつになっても性欲はなくならない、といわれたところで、だからどうしたんだ、である。そんなものは「問題」でもなんでもない。一人ひとり勝手にすればいいだけのことである。

「いくつになっても恋だけはしていたい」とか「恋心を失ったら人間だめでしょ」などという決まり文句がある。とくに若干高齢の女の芸能人が気取ってよく使う。すればいいのである。「ステキ」も「輝きたい」も「豊か」もただの決まり文句でしかない。中高年の恋も性も当然あっていいが（あるだろうが）、わたしもそんな恋や性がほしい、なんてことは、もう強迫観念にとりつかれたフラストレーションである。いつまでもバカいってんじゃない、で終わりである。

この店のお勧めは？

勝手にすればいいのに、勝手にしないのである。人に指示してもらいたいらしいのだ。なんでもそうである。「What do you recommend?」の真似かどうか知らないが、自分が食べるものなのに、「お店のお勧めは？」なんて訊いてしまうのである。自分の食べるものくらい自分で決めろよ、と思うが、人に決めてもらって、テコでも損をしたくない風情である。天丼五百円の店に入って、「お勧めは？」なんてことをぬかすマヌケな中年サラリーマンが出現したりするのである（店の人間、困ってたぞ）。牛丼の吉野家に入って「お勧めは？」と訊くようなものである。

これはいったいどういう心理なんだろうか。自分で選んで失敗する責任を負いたくないというのか。こういうセリフをいえる自分は都会的ではないか、おしゃれではないか、という心理も加わっているのか。店も店で「シェフのお勧め」とかの看板があったりするのだ。じゃあほかは勧めていないのか、といいたくなるではないか。

食べるものくらい自分で選べよ。着るものも、読むものも、お勧めは？とは訊かないが、世間の動向はきちんと情報を把握して、ちゃんと「お勧め」を選んでいるのである。現代の日本人は「白線まで下がれ」だの「手すりにつかまろう」などと指示してもらわなければならないめでたい国民である。だからなのか、ついには「わたしの老後のお勧めの生き方は？」とまで訊く始末である。

ん？　話がずれまくっていないか？　もうずれてもいいのである。したいんだけどどうしたらいい？　などこっちの知ったことかい。ジェフリー・アーチャーの『誇りと復讐』のなかに「答えを知る必要のない質問はするな」という言葉がある。至言である。バカのアナウンサーがメダルをとったアスリートに、「今この喜びをだれに伝えたいですか?」と訊くような、どうでもいい質問のことだ。訊いてどうするのだ。「あなたにとってサッカーとはなんですか?」。やかましいのである。「知りたくもない質問、答えのない質問をするな」である。「わたしはもてないのですが、どうしたらいいでしょうか?」知らんがな。答える方も答える方だ。「わからない問題(答えのない問題)に答えるな」である。

こうすればもてるようになる。金儲けができる。もっと頭がよくなる。論理的思考ができるようになる。営業成績が上がる。成功する。きれいになる。スリムになる。もっと豊かな人生が送れる。英語ができるようになる。こんなものばかりである。そこに「わたしが一丁教えて進ぜよう」というインチキ人間がカモを探してたかっているのだ。魚ごころあれば水ごころ、というやつなのか。ちがうのか。

そのどれもが、まったく無意味というわけではなかろうが、基本、役に立たないと思ったほうがいい。だれでも知っていることだ。できるようになるのは、技術の習得に関することだけである。カーブが投げられる、簿記ができる、ヘラ絞りができるようになり、早く走れるようになり、絵がうまくなり、文章がうまくなる。訓練すればするほど上達するのが技術である。こういうものならいい。

しかし、生きることは技術ではない。もてることも技術ではない。技術だ、という人がいるだろうが、わたしはそうは思わない。実際、生きる技術みたいな本があるだろうが、バカも休み休みいってもらいたい。百歩譲って、たとえ生きることが技術であっても、それを他人から教わろうとする根性がだめである。よく、人生の達人に見習う、なんてことがいわれる。しかし、そんな達人いるわけがないのである。剣の達人ならいる。もし人生の達人になりたければ簡単である。いっさいの欲を捨てることである。たぶん、それだけで人生の達人になれる。が、だれもそんな達人なんかにはなりたくないのである。

ところが、勝手にすればしたで、自分の思い通りにならないとカンシャクを起こす人間が増えている。ストーカーになってしまう。人の弱みにつけこんで権力を揮《ふる》う。高齢者の性犯罪のなんと多いことか。本屋に行くと、初老の男のみならずおじいさんまでもが女の裸の写真を見ているのにでくわすことがある。「そうか、そうか」と思う。それはもうしかたがない。気持ちはわかる（わかるのか）。しかしほかのことでは、わたしの個人的なことを書いているが、この「老人の性」の問題に関してはなにも書かないのである。みなさん、好きにしてください。

他人と比べないのが鉄則

日野原重明氏は九十八歳にしてすこぶる元気である。診察をし、会議をやり、これまでに四百冊もの本を書き、連載は四本、年に百四十回の講演をこなし、年四回海外出張に行くという。エスカレーターの左側に老いも若きも列をつくっているのを尻目に、階段を上り、下りる。もう超人ヒノハラといっていい。

というのも、ほぼ百歳といってもいい九十八歳の一般的なイメージは、ふつうはもうとっくに死んでいる年齢だと思われているからである。死なないまでも、もう足腰が立たずに家の中に蟄居《ちっきょ》しているか、寝たきり老人でもおかしくないのである。生きているだけで、人間の驚異といってもいい年齢なのだ。

それなのに、日野原さんは六十二のわたしなんかよりよほどピンピンしているのである。もう笑ってしまうほど元気なのだが、だからといって、よしおれも一念発起、かれのようにがんばるぞ、とは思わないのが、わたしのいいところである。いやあ、元気をもらうよなあ、とはならない。

生きてきた環境も経験も、現在の環境も立場も意識もまったくちがう人である。それを年齢だけで比較してみて、よしおれもかれのように百歳まで元気で、と思ってももちろんいいのだが、わたしは思わないのである。生活もなにも変えずに、よしおれも百歳まで元気に、なんて成立しないのだ。目的としても成立しない。めんどくさいことは一切したくない、食べ物も好きなだけ食べたい、酒もタバコもやめたくない、しかし百歳までは元気で生きたい、なんて虫がよすぎるのである。

日野原さんの生き方を見るのは楽しい。ぜひこの先もがんばってもらいたい。が、わたしはけっこうである。それに百歳でまだ元気に生きている人は、べつに百歳まで絶対に生きるぞと決意して生きた人ではないだろう。もちろん節制はしただろうけど、百歳というのはやはり結果ではないだろうか。気がついたら百歳まで生きてしまったのだろうと思う。結局、かれはかれであり、わたしはわたしである。

村上春樹がこのようにいっている。スペインでのインタビューである。「確かに小説を書いているときは、自分をそれなりに特別な存在だと感じます。でも書いていないときは、ごく普通の人間です。町を歩いていて、誰かに声をかけられると、正直言って戸惑います。なぜそんなことをするんだろう。僕はただのありふれた男なのに」と（「クーリエ・ジャポン」二〇〇九年七月号）。

村上春樹は正直である。この言葉は掛け値なしにかれのほんとうの気持ちだと受け取っていいと思う。こうもいっている。自分は「静かな暮らしを好む人間」「当たり前の普通の人間でいたい」。これもまた村上の正直な気持ちであろう。

けれど、こういう気持ちは世間にはまったく通用しない。それがあたりまえである。あの『ノルウェイの森』の著者であり、『1Q84』の著者である。現在の日本では一番人気の超特権的な作家だ。だからもし町で見かければ、「あれ、村上春樹じゃない?」「あ、そうだ」でとどまるならまだしも、「あのー、村上さんですか?」と声をかけてしまう。断ることなく、「写メ」で撮る。できることなら、一緒に写真に収まりたい。そして、あとでだれかれに「村上春樹を見たよ」と自慢したい。

こういったところだろうか。かれは「ただのありふれた男」だから、ほっといてあげよう、なんてことはまずありえない。わたしだって、もし村上を見かければ、まさか声はかけないし、写真に撮ることもないが、「ほー」とか思い、「村上春樹見たよ」とだれかにいうだろう。いったからといって、なにがどうなるわけでもないのに、である。現に、谷村新司や高見盛を見たときは、だれかに話した記憶がある。なんらかんばしい反応は返ってこなかったけどね。「見たよ」といわれたほうも困るだろう。「あ、そう」と昭和天皇みたいなことしかいえないではないか。

基本的に、ほとんどの人間はわたしたちとおなじふつうの人間である。村上春樹も例外ではない。芸能人も作家もスポーツ選手も政治家もみなおなじだ。ある属性が突出しているから、人間自体も傑出しているだろうと思いがちだが、そんなことはまったくない。崇《あが》めることもない。その属性を尊重することはいいが、その人間を自分と比べないことである。比べてもなんにもならない。あんなふうになりたいなんて、自分に対して失礼である。比べるなら、あの目と会釈の二人のおばあさんである。比べるなら、昨日までの自分である。

「若さ」に比べてみて、まだ六十歳かもう六十歳かと考えるのはまったく意味がないと思う。自分で勝手に「まだ六十歳かもう六十歳か」といったくせに、申し訳ない。「死」に照らしてみてもあまり意味がない。「去る年は追わず、来る年は拒まず」でいいのではないか。社会的年齢や生理的年齢をちらちら見ながら（じっと見てもしょうがない）、それぞれの「こころのリアル」で生きていけばいいのだ。

第四章

なにをしてもいいし、なにもしなくてもいい

もう人生のレールは敷かれていない

定年退職は「終着駅」ではなく「乗換駅」だ、とうまいことをいう人がいる（先の金田さんだが）。なるほど。たしかに定年までは、社会（政治）によって一定の公式のレールが敷かれてあった。さあ幼稚園だ、六歳になれば小学校が待っている。よく遊びよく学びなさい。そのあとは、中学に高校。さて君たち、将来の夢は持ったかね。その夢に向かって進むもよし。これといった夢や希望がない人はとりあえず大学に行きなさい。そこが終わったら、就職だ。

そのレールを走る電車に特等、一等、二等（現実にはもうないが）の違いや、特急、快速、鈍行の違いはあり、また人によっては途中で多少分岐・逸脱したりはするものの、たしかに既成のレールは敷かれてあったのである。どの電車を選んだかは家族の

環境や経済状態と、自分自身の力量や判断ではあったのだが。

さて、仕事が決まったなら次は結婚だ。めでたく結婚できたなら、さあ次は子どもだ。まだまだ終わらない。一戸建てである。我が家だ。一国一城の主だ（このいいかたが、なんとなく情けない）。しかし、このレールは自然といえば自然、強迫観念といえばほとんど強迫観念的でもある。むろん、唯一絶対のレールではない。せいぜい社会で一人前と認められるためのモデル路線である。仕事だって、終身雇用というレールに乗れば、一応終点まで無難に行くことができた。

けれどいまやこのレールは、大学までは従来どおりだが、それ以降になると、昔ほどの堅牢性もなければ安定性もない。正当性さえいくらか失われている。というより、べつのレールの存在も可能になっている。しかし、モデル路線としては、いまだに大多数の人々が走ろうとする路線であることにかわりはない。むしろ格差社会といわれる現在では、たとえ鈍行であっても、このレールの上を走ることができたらオンの字、ということになっている。

それはともかく、定年退職になると、その先のレールがないのである。退職とはその駅で降りはしたものの、やはり「終着駅」だったのである。その駅に一人ポツンと立って周囲を見渡してみても、ほとんどの人には「乗換駅」もその先のレールもどこにもありゃあせんのである。

退職までは国と社会がレールを敷いてくれていた。ところが定年で、いきなりそのレールが途切れる。おまえはもう国家や社会や会社にとっては用済みである、あとは勝手にしなさい、ということになったのである。口では「長い間御苦労さんでした」といいながら、態のいい厄介払いである。あとはなにをするもしないもあなたの勝手ですから、と、放り出されたということである。

もしもその先のレールが欲しいのなら、それはもう各人が敷くしかない。どんな方向にどんなレールを敷くのか。それまでに蓄積してきた資産と価値感と技量と経験とで、一人ひとり自分のレールを敷くしかないのだ。ただし乗客は自分ひとり。運がよければ配偶者も一緒か。だがそれがどんなものであれ、個人の力で敷くのだから、脆弱であることはまぬがれない。安全の保証もない。遅々として敷設《ふせつ》は進まない。

次々と天下って、「乗換」太りする人たちがいるだろう。数年会社に残ったり、自営の道を歩みだす人もいるだろう。しかし、わたしはレールなど敷かなかった。冗談じゃないのである。それが嫌で列車から降りたのだから。

敷く準備もまったくしなかった。原稿を書くという乳母車を押して、野道をトボトボ歩くようなものである（その乳母車もいずれ壊れる）。目の前に見えるものは、すすきヶ原みたいな荒涼とした風景である。それに乳母車を押してきたはずなのに、それをほっぽりだして道草ばかりくっている。もちろん、そのほうが楽しいのだ。

定年退職者は子どもが大学をでるまではと頑張ってきた。その子どもも就職すれば、もはや親としての義務も責任もない。四十年近く仕事もしてきた。これで社会的な義務も責任も一応は果たしたはずである。もうこれで個人的にも社会的にも義務や責任から解放された、と考えていいのではないか。あとはなにをするもしないも、自分の自由である。どの方向に歩きだそうと、あるいは日向ぼっこをしようと、あなたの自由である。

いやいや、まだだ、という人がいるかもしれない。たしかに自分のレールは終わったかもしれないが、まだまだ子どもたちの行末を見守る仕事は終わってないぞ。おまえは親として大事なことを抜かしてるじゃないか。つまり子どもたちが結婚するまでは、安定するまでは、そして孫の顔を見るまでは、だよ。

なるほど。それが大多数の親たちの希望であることはわかる。子どもたちにレールを敷いてあげる親がいるだろう。潤沢な旅行資金を与える親もいるだろう。が、わたしはそんなことはどうでもいいのである（どうでもよくはないか）。基本的に、そうしてやりたいという意志もない。それはあくまでも子ども自身が考え、判断し、決すべき事柄である（なんらかの障害のある子どもをもった親御さんは別です）。

子どもたちが苦境に陥ったときに物心《ぶっしん》の助力を一切しないというのではないが、それにも限度があろうではないか。ふつうの親は超人でもなんでもない。ただのふつうの親である。それに子どもたちの人生はあくまでも子どもたちの人生である。なんとか自分の力で切り拓いていくしかないのだ。

ただの紋切り型で「孫の顔を見るまでは死んでも死にきれない」という親がいるかもしれない。それが人の世の常なのかもしれない。しかし、わたしにそんな気持ちはまったくない。わたしはおかしいのだろうか。わたしは孫の顔なぞ見ないで、あっさりと死んでいくことができる。

わたしの前に「第二の人生」のレールはない。レールなどもういらない。一日一日、似たようなところをぐるぐる歩いているだけである。どこかで迷い道に踏み込むかもしれない。歩いていく道が野道であろうとデコボコ道であろうと、それはそれでいい。どの方向に歩きだそうと、それはあなたの自由である。どこにも歩き始めなくてもいい。日向ぼっこをしながら、しばらく様子見をしてもいい。それもまたあなたの自由なのだ。ただし、この自由は有限である。完全な自由などこの世にはない。

仕事が大事なのは仕事をしているあいだだけ

仕事が大事なのは仕事をしているあいだだけで、辞めてしまえば、仕事など大事でもなんでもなくなる、というのが不思議である。あたりまえのことだ。もう仕事がなくなったのだから、といえばそうなのだが、ついこの前まで、「おお、あれが売れたか！」「今年の成績はどうなってる？」「どうだった？　出張は」「よしこれを思いきって仕入れてみよう」「銀行はどういってる？」などといっていたのがウソのようである。けれどそのような高揚感がなくなったからといって、とくに空虚感も欠落感もない。あの日々はなんだったのか、とも思わない。あれはあれだったのだ。戦争に行って九死に一生を得て帰ってきたのではないのである。

仕事をしてたときは充実してたなあ、とも思わないが、ある種の懐かしさがないわけではない。総じてみれば、けっこう楽しかったな、と思う。会社とは別れた恋人のようなものか？　そんなわけはあるまい。しかし、その後の会社の動向が気にならないわけでもないのだ。彼女は無事に暮らしているだろうか、というように。会社での人間関係がまったく途絶したわけでもない。しかし、もうわたしは部外者である。孤独な散歩者である、といいたいが、そんな格好いいものではない。

周りを見てみれば、仕事をしている人がほとんどである。みんなは今でも毎朝電車のラッシュにもまれているのであろう。ご苦労さん、と思う。その他方で、どう、おれたち、バリバリやってるよなあ、といううっとうしい雰囲気を外に出してる会社員たちには、そう目の色を変えなくても、と思い、もうすこし静かにやれば？　君の仕事なんか他人にはどうだっていいんだから、と思う。よくいますよねえ。集団で盛り上がってるやつとか、携帯電話で仕事の話を大声で話し、周囲に聞かせたいのか、どうみんな、俺やってるよお感を出している連中が。

仕事を辞めてから新聞をあまり読まなくなった。元々、読んでた方でもなかったのだが、ますます読まなくなった。テレビ欄と本や週刊誌の広告をざっと見るくらいである。社会の動向にまったく無関心になったのではない。が、毎朝毎夕、新聞なんかそんなに毎日いらん、と思うのである。毎朝、お茶かなんか飲みながら、新聞をじっくりと時間をかけて隅から隅まで読むのが好き、というご同輩がいるであろう。だからこれはわたしだけの怠惰なのかもしれない。はたしてわたしは、もう六十歳にして朽ちたり、なのか。

ようするに、わたしはもうなにもしたくないのである。興味の幅も狭くなったような気がする。人間にとって、自分に興味のないことは無価値である。そしてその興味とは、自分が思ったほど広くも深くもなく、つねに狭く、つねに幼稚なものである。しかし人間はそのようにしてしか生きられない。いや、おれは広いぞ、という人がいても、それはそれでけっこうである。わたしは狭く、浅く、幼稚である。

そんなわたしから見ると、人はどうでもいいことをこの世の一大事みたいに論じていたりするのである。それがもううっとうしい。議論からはなにも生まれない。結局人は、自分の立場があるからうるさく主張しているだけなのだ。立場がなくなった人間にとっては、そのことがばかばかしいのである。かれらも立場を離れてみれば、もう次の日から、昨日までの甲論乙駁《こうろんおつばく》が何事でもなかったような顔をするのである。どんな立場もなくなるということが、これほどまで自由だとは知らなかった。そのことを知っただけでも、退職の意味はあったといっていい。ただし、まだ「自分という立場」だけは残っていて、これが厄介なのだけれど。

三日坊主でもけっこうである

退職後といえば、「おれ会社辞めたら、なにするかなあ」という具合に、かならず「する」ことの話がでてくる。「どうやって食っていくかなあ」という仕事の話ではなく、「なにするかなあ」とは暇つぶしのことである。良くいえば、生きがい、やりがいのことである。

「やっと辞められたのだから、とりあえずはなにもしなくてもいいのでは。退職金から百万円ほど持って海外でも国内でも一カ月ほどのんびりすれば？」というと、これがだめなのである。「じゃあ、そのあとなにすんだよ」とかいわれて、なんだかわからないが、わたしが責められたりするのである。

まあ、わたしもそんな旅行は諸般の事情からできなかったんだけどね。それで「そうねえ」などと考えるフリでもしようものなら、そこでお決まりのように趣味の話がでてくるのだ。定年本も、ぜひ趣味を持ちなさい、と勧めているのである。しかも多趣味であれば、なおいい。ひとつだけではやはりもたない。しかもそれを通して、同好の士とも知り合いになれば、交際範囲も広がって一石二鳥である、と。

すると「おれ、無趣味だからなあ」という声があがるのである。だったら最初から「おれ、なにするかなあ」なんてボンヤリつぶやくんじゃない、というのである。定年間近になってあわてて趣味探しに走ったりする人もいるだろう。あいつはけっこう多趣味だからいいよなとか、いやいや、趣味だけでこの先何十年ももつのかね、といったりもする。だれも本気じゃないのだ。ただいってみるだけなのだ。

さて、かくいうわたしは、お察しのとおり無趣味である。履歴書の趣味欄になにを書けばいいのか、いつも困ったものだ。しかし、わたしにはほんとうになにもないなあ。嫌になっちゃうね、というかと思うと、嫌にはなっていないのである。だって、ないものはないのだから、これでいいのだ、ともうバカボンのパパの気分である。

村上龍が趣味に関してこんなことをいっている。

趣味が悪いわけではない。だが基本的に趣味は老人のものだ。好きで好きでたまらない何かに没頭する子どもや若者は、いずれ自然にプロを目指すだろう。（中略）わたしは趣味を持っていない。小説はもちろん、映画製作も、キューバ音楽のプロデュースも、メールマガジンの編集発行も、金銭のやりとりや契約や批判が発生する「仕事」だ。息抜きとしては、犬と散歩したり、スポーツジムで泳いだり、海外のリゾートのプールサイドで読書をしたりスパで疲れを取ったりするが、とても趣味とは言えない。

（村上龍『無趣味のすすめ』幻冬舎）

「趣味は老人のものだ」とは、これまたよくもいってくれたものである。自分は「老人」なんかにならない、と思っているかのようでもある。しかし村上だってもう初老で、いわば老人の赤ん坊の年齢ではないか。「海外のリゾートのプールサイドで読書をしたり」って、いけすかないといえばいけすかないのである。想像するに、おたくには似合ってないぞ、といいたい。スパも羨しくないなあ。いったい村上龍はなにをいいたいのか。くどいが、こういうことである。

現在まわりに溢れている「趣味」は、必ずその人が属す共同体の内部にあり、洗練されていて、極めて完全なものだ。考え方や生き方をリアルに考え直し、ときには変えてしまうというようなものではない。だから趣味の世界には、自分を脅《おびや》かすものがない代わりに、人生を揺るがすような出会いも発見もない。心を震わせ、精神をエクスパンドするような、失望も歓喜も興奮もない。（同書）

結局かれがいいたいことは、趣味とは所詮こんな程度のもので、「真の達成感や充実感」は「仕事」のなかにしかない、ということであるらしい。つまんないな。実際には、すぐに照れくさいような表情をする村上龍をわたしはけっして嫌いではないが、わたしがもう読みたくないのは、こういった、なにかいっぱしのことをいっているようで、その実、どうでもいいことを、いかにもインチキくさいレトリックで粉飾した文章である。一言いっておきたい。無内容。

「真の達成感や充実感」が「仕事」のなかにあるのか一概にはいえないが、まあ一般的にはそういっていいかもしれない。しかしいかにも大げさないい方である。「真の」という形容を使うのであれば、それにふさわしい仕事は、医者や自然科学者や警察官や軍人ぐらいではないか。作家なんかは入らないよ。趣味に「考え方や生き方をリアルに考え直」させ、それを変えてしまう力がない、というのはどうでもいいことだ。大体、仕事と趣味を対立させることがおかしい。趣味には「人生を揺るがすような出会いも発見もない。心を震わせ、精神をエクスパンドするような、失望も歓喜も興奮もない」という文章など、もうはっきりいって作家としての自分に酔いすぎである。

趣味なんか暇つぶしであり、ちょっとした楽しみだけでいいのである。それをやっている間は夢中になれる、時間を忘れる、だけでいいのだ（もちろん、専門家顔まけのレベルに達するほど入れこんでもいい）。わたしは、カラオケが趣味、なんてことはないが、そういう人がいることは否定してもしようがない。他人に迷惑さえかけなければ、どんな趣味でもいいのである。いいということもないな。好きならしかたがない。長つづきすればそれにこしたことはないが、三日坊主だってかまわない。三日、楽しめればそれだけでも十分である。もっとも、そんなものは趣味とはいわないだろうけど。それに、三日というのも「例え」ですから。

勧められなくても「無趣味」

とはいえ、村上龍に勧められなくても、前に書いたようにわたしはまったくの無趣味である。テレビを見るくらいしかない。ただこれは趣味ではないですな。映画鑑賞は成立するが、テレビ鑑賞は成立しない。昔の音楽を聴いたり本を読むのは好きだが、これも趣味というより、むしろ生活の一環である。ギター、プラモデル、将棋、バイクはとっくの昔にやめた。カメラはほこりをかぶっているザマである。

けれど趣味といえば、世間にはもうありとあらゆるものが揃っているのである。一般的にはカラオケ、釣り、読書、俳句・短歌、音楽・映画鑑賞、ゲートボール、パチンコ、麻雀、競輪競馬、登山、囲碁将棋あたりだろう。次に挙げるような講座や通信教育も目白押しである。みなさん、じつに様々なことをされておられるのだ。

社交ダンス、フラダンス、ガーデニング、水彩画、ボタニカルアート、野の花を描く、木版画、日本画、木工芸、手織り、和裁、歌唱、絵本づくり、太極拳、山に親しむ、茶道、ポンテベッキオで学ぶワイン、占星術、京の食彩、メイク講座、源氏物語を読む、随筆の書き方、コントラクトブリッジ、山の樹木に親しむ、水墨画、ウクレレ、合唱団、素人演劇、健康法、韓国語、旅行英会話、色鉛筆デザイン、木彫、などなどだが、まだまだこんなものではない。

写真、彫金《ちょうきん》、そば打ち、パソコン、ハーブ、和菓子、世界のチーズ、中国茶、朗読、絵手紙、ビーズ織り、パッチワーク、刺繍、ペーパーアート、ガラス細工、和紙ちぎり絵、鎌倉彫、ステンドグラス、陶芸、生け花、ジャズボーカル、ハーモニカ、フルート、リコーダー、オカリナ、長唄、仏像彫刻、仏画、銅版画、書道、篆刻《てんこく》、カリグラフィー、フィットネス、ストレッチング、ヨーガ、卓球、ビリヤード、などなど。まだまだあるだろうが、きりがない。

いかがですか。これは！　というものありますか。わたしはいくつかやってみたいものがなくはないが（銅版画、仏像彫刻）、いざとなるともうめんどくさいのね。お祭り好きや、浅草のサンバや各地の阿波踊りや、よさこいが好き、なんて人もいるだろうが年寄りにはもう無理。こんなにいろいろなものがあるのに、ほんとうにやってみたいものが意外に少ないのだ。

子どものころはプラモデル（模型）作りが好きだった。今でも「戦艦ビスマルク」とか「零戦をつくる」といった模型雑誌（？）を見ると、すこしこころが動くのである。だが「零戦」は一〇〇号完結、ほぼ二年間もつづき、ビスマルク（これは木製）は一四〇号までで、三年弱もつづくのである。総額もかなりいきそうだし、怯《ひる》むのである。根気ももちそうにない。ただそれで二年や三年楽しめるんだよな、と思うと、いまだにこころが揺れる。作る過程が楽しくないわけがないのである。

ガトー・バルビエリというテナーサックス奏者の音楽を聴いてジャズを聴くようになり（かなり長続きした）、最近ではスラヴァというカウンターテナーの歌を聴いて少しクラシック音楽を聴いたが、じきに終わってしまった。典型的な三日坊主だ。いまでは結局六〇年代の音楽に戻ってしまい、趣味といってもこんなもんである。べつに趣味なんかあってもなくてもどうでもいいのではないか。「趣味」という言葉にあおられることもないのだ。

無理やりなにかを始めても、好きでもない人を無理に好きになろうとするような義務感が伴って、どこかウソくさい。ウソくさいけど、もちろんやって悪いことではない。もしかしたらそれがおもしろくなることだってないわけではないからである。まあ、お見合いみたいなものだね。けれど、「なにかいい趣味ないかな」と焦る必要もないでしょう。やらなくてもいいのである。

趣味関連で、同好の士というものができるのもむしろ厄介である。それが楽しいんじゃないか、といわれるだろうけど、わたしは「おう、山ちゃん！　ひさしぶり」というような常連の店も嫌いなのだ。カルチャースクールのように、決められた時間に決められた場所に行くというのもおっくうである。年をとったら交流の場を広げよ、といわれるのに、わたしはおかしいのであろうか。だからもし趣味をやるとしても、わたしはひとりでコツコツやっていくのだろう。バイクの一人旅なんかいいのだが、まあやらないだろうね。

もう交際範囲がやたら広くて、人ともうじゃうじゃと付き合っている人がいるのである。よく疲れないものだと感心するが、それがたぶん楽しいのだろう。グループ登山にグループツーリングに団体日帰り旅行……。いまやマクドナルドも年寄りの談笑の場だ。自分でいっていれば世話はないのだが、わたしは寂しい人なのだろうか。客観的にはそうかもしれない。しかし、わたしはそれでいいのである。

やはり、みんなは生き生きとした、交際の広い定年後の生活をしたいのであろう。

毎日毎日公園に行くしか能のない（能はいらないのだが）生活は、やはりしたくないのであろう。おやじバンドをやったりハーレーに乗って、かっこいいおじさんでありたいのだろう。若者たちから、おれもおっさんになったら、あんなに元気でかっこいいおっさんになりたいなどと思われたいのであろう。近所同士、家族同士の付き合いをして、花見や花火大会やキャンプなんかやって、バカの一つ覚えのバーベキューもやりたいのであろう（相当憎まれそうだな。お前は何様だ、と）。しかし、わたしはバーベキューなんかやりたくないのである。

自分ひとりだけの暇な時間が基本だ

定年退職者が陥りやすい錯覚がある。もしこの先二十年も生きるとすると、膨大な無為の時間が広がっているように見えて、「うわあ、どうすればいいんだ。なにもすることがないぞ」と思ってしまうことである。

自営業の人は別として、会社員は六十歳で、遅くとも六十五で、だいたい会社を辞めることになる。たしかにその後の十五年から二十年間は、無為で過ごすにはあまりにも長すぎる時間である。しかもその十五年や二十年は、会社勤めの毎日十時間ほどの拘束時間がなく、その分もまるまる自分の時間として使えるようになるから、実質三十年にも四十年にも匹敵する時間であるといっていい。まだそんなに生きるのかよ、と思うのだ。おお、まだそんなに自由な人生を楽しめるのか、と喜ぶ人も多いかと思われるが、しかし十代二十代の二十年間とはわけがちがうのである。頭も体も衰弱していく二十年間である。容貌は汚くなっていく二十年間である。

いくら本好きであっても、朝から晩まで二十年間も本を読みつづけることなどできはしない。新聞を読みつづけ、テレビを見つづけることはできない。それにいくらなんでも室内での「閑居《かんきょ》」ばかりでは不健康である。気分もちぢこまる。というわけで屋外に出ようかということになる。

友人と会って食事をし、お茶を飲みしゃべる。酒を飲む。あるいはカルチャーセンターに出かける。料理教室。ゲートボール（下火らしいが）。絵画教室。英語を習う。登山。散歩に出る。ウォーキング。カメラを買う。小旅行に行く。ロードレーサーを買う。図書館に行く。地域活動の会に参加する。まあ、なんでもいいです。なにをしてもいいのだが、しかしなにをしようと、それも一時的であり、朝から晩まで、二十年間もしつづけることはできないのである。

どんなに親しい友人でも毎日会うことはできない。シニア料金だからといって十五年や二十年も毎日映画に行ったり、ツタヤでDVDを借りることはできない。孫の面倒見なんか、一日やればもううんざりであろう。結局なにをしようと、自分ひとりだけの無為の時間はやはり膨大に残るのだ。考えてみると、ある意味、学校や仕事はじつによくできた暇つぶしだったのである。

そして、その残った自分ひとりの時間がこれまた長い。夢中になっているときの一時間はあっという間だが、暇をつぶすための一時間は中々過ぎて行かないのである。なにをしても、やっぱり残ってしまうひとりの時間。こいつをどうするか。こんな室内でゴロゴロしているだけではだめだと屋外に出たはずなのに、結局また室内に戻ってきてしまうのだ。外に出れば出たで、電車に乗るにも喫茶店に入るにも、美術館や展覧会や映画に行くにも、安い昼食をとるにも金がかかる。自由とはじつに金のかかる代物《しろもの》なのである。

ひとりじゃなく、夫婦二人ではないか、という人がいようかと思う。けっこうなことである。二人でやってください。だがいつまでも二人でいられるわけではない。伴侶から、もう嫌よ、と断られることもあるであろう。こちらから断りたくなることもあろう。すでに伴侶がなく、ひとりの場合もあるであろう。ゆえに諸々を勘案して、ひとりという背水の陣で考えるのが妥当である。

このひとりの時間をどうするか、どうやって埋めれば（つぶせば）いいのか、しかも二十年間も、と考えてしまうのが間違いである。そもそも二十年なんて約束された時間ではないのである。そんなあるかないかわからない二十年丸々を先取りして、どうしたらいいのかなんて、取り越し苦労というものである。二十年も膨大な無為の空白の時間がある、と考えるのが錯覚なのだ。

七十歳になっても朝から晩まで、ラジオ英会話、新聞、散歩、ゲートボール、カラオケ、寄りあいなどで埋めてしまい、休んでる暇などないよ、とがんばっている（？）老人がいる。実際にいる。それで本人がよければもちろんいいのだが、すごいなあと感心するよりも、暇な時間が少しでも空かないように、そんなに目の敵のようにして時間を埋め尽くさなくてもいいではないか、と思う。

考えることは、今日一日のことだけで十分である。せいぜい今年の夏はどこか小旅行にでもでかけるかな、くらいでいい。趣味があっても、どうせ暇は全部つぶせやしないのだ。今日一日にだって暇はあるだろう。そんな暇はほっとけばいいのだ。暇はなんでもつぶさなければならない、というのが間違いである。その暇もまた退職者の特権である。もはや暇が生活の基本である。その暇のあいだに、趣味をしたり、散歩をしたり、旅行したりするのである。

わたしは退職後、前よりも楽しんで本を読むようになった気がする。暇つぶしである。暇つぶしというと、よくないイメージがあるだろうが、そうではない。しかたなくではなく、心から堪能しているのだ。だから文学といわれるものは、ほとんど読まなくなった（『1Q84』は読んだが）。今時の深刻そうな顔をしたウソくさい作り物にはもう興味がない。そんなものを読むくらいなら獅子文六を読む。池井戸潤を読む。ましてや思想・哲学など冗談ではない。

小説で読むものは主に警察物、時代物、ミステリー物である。つまり娯楽小説である。佐伯泰英のファンではないけどね。それよりも多いのがノンフィクション。とくに戦記物である。不謹慎ないい方だが、これがおもしろくてしようがない。最近では、坂井三郎の『大空のサムライ』、碇義朗『紫電改の六機』、高木俊朗『インパール』五部作、角田和男『修羅の翼』、古処誠二『ルール』（これは小説）。

夜はもうテレビ一本槍である。「ネプリーグ」「ヘキサゴン」「ペケポン」だの「いい旅夢気分」「ローカル路線バスの乗り継ぎ旅」といった番組を、何も考えることなく見るのである。バカにもほどがあるぞ、とか、おお、この海岸の夕日はきれいだな、などと思いながら見る。見ていて楽なのだ。深夜になると、時々、借りてきたＤＶＤ

を見る。こちらも当然娯楽ものである（昔、タルコフスキーだのヴィスコンティだのゴダールだのを見て、ひどい目に遭った）。最近では「アイ・アム・サム」、「エリン・ブロコビッチ」、「イースタン・プロミス」。出色なのは「空飛ぶタイヤ」。DVDを見だすと、これがパチンコとおなじように中毒性があって、さて次はなにを借りようか、となるのだ。

佐野洋子がこういうことをいっている。六十五歳のときである。「貸しビデオ屋の前の信号で、貸しビデオを沢山借りて気楽な大晦日をすごそうと思って意気ごんだ」。が、そこで躊躇した。「いいバアさんが五本も六本も大晦日にビデオを借りたら、かわいそうなオバアさん、何か荒涼とした風景を他人は見るかもしれぬ。人にはあれこれ思われたくないわさ」（佐野洋子『役にたたない日々』朝日新聞出版）

結局、佐野は「見栄のため」に、その日のビデオ屋行きをやめるのだが、あの肝のすわった佐野にもこんな気の弱さがあったのかと驚いた。わたしは、もし生きていれば、七十になっても八十になってもDVDを借りるだろうと思う。

NHKの「プロフェッショナル」などを見ると、うーむ、世の中にはエライ人やすごい人がいるもんだなあ、と感心するのだが、感心しただけで満足してしまい、ちっとも身にならない。そんなこんなで、二度とこない今日という一日が終わる。気がついてみると一週間や十日などあっという間に過ぎてしまうのである。べつに「生きがい」だの「やりがい」だのはなにもない。二十年を丸ごとつぶそうなどできない相談である。大学までの子どもの学資二千万円を一気に揃えようとする人などいないのとおなじである。日は一日ずつ過ぎていく。金は一円ずつ出ていくのだ。

それぞれの定年後

土曜の十八時に、テレビ朝日で「人生の楽園」という番組がある。定年退職（もしくは早期退職）した夫婦（ときには一人）の新たな生活を描いたものである。登場する人たちはだいたい六十歳前後で、基本はほとんどおなじである。揃って夫婦円満、子どもたちも順調に育ち、孫もいて、申し分のない家族である。していることはさまざまだ。田舎に移住し、野菜を作って販売している人がいる。パン屋開業。工芸品を作っている人。新しい家を建て、地域にも溶けこんで、老後の理想的な生活を具現している、幸福を絵に描いたような人たちである。

幸福そうな人を見ることはいいものである。かれらはきたる老後に備えて、早々と計画を立てた人たちである。それなりに潤沢な資金もあるようである。こういう人たちが、老後の鑑《かがみ》、まとも人たちなんだろうな、と思う。いきあたりばったり派とは、こういうところであきらかに差がでるのである。だから、しっかりした人たちだなあ、とは思うが、しかし、いいなあ、と羨望することはない。羨望する資格がないし、する必要もない。

わたしはその番組をいつも感心しながら見ている。人の生き方を見るのが好きだからなのだが、だからといって、よしおれも、とはならないのである。かれらはかれらであり、わたしはわたしである。当然、あなたはあなたである。もちろん、参考にするもよし、ではあるが、「自分のリアル」がまったくちがうのだ。

わたしの父は晩年、ほとんど家からでなくなった。テレビで、三浦雄一郎の九十歳を過ぎた父親が、重しをいれたリュックを背負って毎日家の近所を早足で歩いている姿を見たらしい。それを見て一念発起したかというと、「ほう、すごい人だねえ。おれにはできんな」で終わりだった。わたしは偉そうに、「散歩ぐらいしたほうがいいよ。足から衰えるから」と勧めたことがある。が、自分が退職してみると、わたしも毎日歩くのはめんどくさいのだった。この父にしてこの子あり。

「人生の楽園」の番組のなかではいいところばっかりを映すが、かれらにはかれらの苦労が当然あるはずである。ペンション経営など、実際には大変にちがいない。かれらの友人・知人たちが、たぶん番組のために召集をかけられたのであろう、客として登場したりする。そば屋の開店には、これまたおなじように、前に働いていた会社の同僚たちが大挙押し寄せてきたりする。番組の締めでは、近所の人たちも集合して、かならず酒盛りがはじまるのである。

しかし、かれらには取材前も取材後も、膨大な淡々とした時間があるのである。だから番組を三十分間見ただけで、あ、いいなあ、おれも田舎暮らしをしてみるかなあ、などと思うとしたらそれはいささか甘いのである。

会社でわたしの先輩だったT氏は定年後、いつの間にか団地の自治会の会長に押し上げられたらしい。ひさしく音信が途絶えたあと、連絡が再開すると、今度はある市民運動のリーダーになっていて、外環道建設中止を求めて行政相手に丁々発止やっているのであった。あと十五歳若かったら区会議員にでも立候補しそうな勢いである。在職中は営業だった。愛嬌のある憎めない人で、大物受注に力を発揮した。わたしと同郷ということもあって、親密だった。

細かいことにはずぼらな人、というか鷹揚な人かと思っていたら、定年後の身の振り方を意外ときっちり考えていて、資格獲得の勉強をしたり、一年をかけて株取引の研究をしたりして、その後、実際に株や外貨取引で相当な額の儲けをだしていたようである。苦学をして道を開いてきただけあって、バイタリティのある人である。わたしにはとても真似ができない。かれも定年後にまさか市民運動のリーダーになるなど考えもしなかったにちがいない。だれとでもすぐ仲良くなれるかれの人徳というべきか。そうか、こういう定年後もあるのかと、なんだか不思議である。

おなじく会社の先輩だったS氏は、定年後、夫婦でバーを経営した。わたしは一度も行ったことがないのだが、順調につづいているようである。今でも会社にいる後輩や元取引先の大学の先生、奥さんの幅広い知人などが常連客（というほどでもないのか？）として、行っていると聞いたことがある。

わたしはS氏に仕事のことをいろいろ教わり、海外出張にも連れていってもらい、かれの経験と専門知識には足元にも及ばないと思っていたが、そのうち相互に感情の行き違いが生じ、かれの退職前には次第に疎遠になった。Sさん、お元気だろうか。

夫婦でバー経営など、これまたわたしのまったく考えられないことである。元々わたしは酒が飲めない体質だから、それも当然なのだが、商売ということじたいがわたしには無理である。ましてや対面の客商売などとてもする気がないし、できない。するとなるとせいぜい古本屋のおやじくらいか。しかしそれもたぶん無理であろう。無理、と決めることもないが、まあやることはない。

友人のNはNPOをやっている。しかし主な仕事はHPというのかブログというのか、それを毎日更新しているだけである。だけ、というのも失礼である。かれは役所を早期退職すると、自宅とは別にアパートの一室を借り、毎朝そこに出勤してHPのための取材やら原稿書きやら編集やらをし、パソコン教室を主宰したりもしているらしい。もう数年もそういうことを続けている。中々忙しそうなのである。わたしなどより十倍はいい身分である。

HPやブログを主宰することなどわたしにはまったく興味がないが、Nの志向性が一番わたしには合っていそうに思われる。基本的にひとりで行動する、というようなところがである。しかし、かれの交際範囲は相当広いらしく、その点ではわたしと真反対。ほんとうは仲間たちと何かをするのが好きなようでもある。かれの鶴見俊輔好きも好ましいが、そんなことはまあどうでもいい。

得たものは自由な青空

暇な時間が基本だといっても、人間はやはりなにかをしたくなる生き物である。しかし人間がすることは、仕事か趣味しかないのか、と思う。あんなに沢山の趣味がありながら、やってみたいと思うものは意外と少ない。ほんとうは、人間はやることが少ないのではないか。楽しいことも、ほんとうは少ないのではないか。今のところわたしは趣味などいらない。なにをしてもいいし、なにをしなくてもいいのなら、なにもしないことをもっと肯定的にとらえてみてもいいと思っている。なにかしたくなったら、すればいいだけの話である。

仕事を辞めてはっきりと変わったのは、昼間の青空をよく見上げるようになったことである。起きるとまず、近くの公園にテレテレと自転車を走らせる。ベンチに坐る。タバコを喫い、缶コーヒーを飲む。両腕をベンチの背に伸ばし、やおら、空を見上げる。青空だ。雲が流れている。風がそよそよと吹いている。家を一歩でたところから気分は自由なのだが、この青空はもっと自由の感覚に満ちている。はじめて味わう感覚のような気がする。気分がいい。本をすこし読む。また見上げる。

とくに台風一過翌日の澄みわたった青空の景色はまさに生《せい》の醍醐味《だいごみ》であるといっていい。申し訳ないが仕事なんかをしてる場合ではない。閉めきった車なんかに乗っていてはもったいない。山や海に行けばもっと気分はよかろう。だが準備がいる。それに遠すぎる。公園はすぐ行けるから、いい。

春や秋はもちろん、酷暑でも厳冬でも変わらない。晴れていて、ほかに用事がなければ、ほぼ毎日行く。たいていはなにも考えない。ふー、いいねえ、と、なにがいいのかわからないが、ボーッとするだけである。ときに、とりとめのないことをあれこれと考えないわけではない。あれこれのことどもを思いだしたりもする。しかし、勤めていたころは、こんな時間はまったくなかった。

こんなふうにぼんやりと空を見上げ、雲を眺め、風に吹かれたのは、生まれてはじめてのことではないか、と思った。こんなに無為の時間を毎日、一時間も二時間も過ごしたことははじめてであった。あたりまえである。そんな時間のなにが楽しいのだといわれるにちがいない。ようするに、やることがないからただボーッとしているだけではないか、と。

そりゃまあべつにウキウキ楽しいわけではない。うーん、わくわくするぞ、なんてことはない。「星降る街角」のイントロみたいに「ウオンチュ」とかいいたくなるほどのことはない。が、平安なのである。ひとりというのがいいのだろう。この時間は悪くない（公園仲間というのではないが、八十九歳の小さなおじいさんがプッツリ来なくなった。かれには年齢、家庭環境、経歴をすべて聞かされた）。

この時間にも世界は激しく動いているだろう。学生は学校で学び、多くの人は仕事をしているのだろう。前に勤めていた会社のかれらは苦戦を強いられながら働いているにちがいない。悲喜はいま現在でも世界中にあるだろう。わたしに悲喜がないわけではない。が、すでに社会から九割離脱し、そのことが悲しくもなんともない。もう、ほとんどのことが、どうでもよくなっている。

公園での時間が経てば、ベンチから腰を上げ、自転車に乗り、やがて町にもどっていく。どこか喫茶店で読みかけの本でも読むとするか。人や車や建物の数が徐々に増えてくる。世間である。そこでは生々しい自我が渦巻いている。おれが、わたしが、と主張している。それをもうあまり見たくはないのだ。信号のない交差点で車が止まってくれる。頭を下げ、その前を通りすぎる。

第五章 さみしいからといって、それがなんだ

なぜ「大学教授」などに「老後」を教わろうとするのか

「おひとりさま」というのは、旅館、ホテル、レストラン、飲食店業界がつくりだした女性「ひとり客」向けの言葉である（男はそのついでに勘定にいれてもらっている）。しかもおおむね、小金持ち、と相場は決まっている。そういう店に来ない金のない（金にならない）ひとりものは「客」ではないから、ただの一名にすぎない。

もういささか古くなったが、上野千鶴子の『おひとりさまの老後』なる本がベストセラーになった。が、これを読んだ人の少なからぬ人が、なんだ、「おひとりさま」とは結局、友人もたくさんいて、仕事もあって、老後の資金になんの心配もない、小金持ちのおばさんのことで、そしてあんた（上野）はその上別荘まで持っとったんかい、と不満を表明したものである。

上野千鶴子の失敗は（本人にとっては大成功だったが）、こんな本を書いたことじたいである。潤沢な生活資金を持っているものは、たとえひとりでも勝手に生きていけばよいのに、いかにも貧乏人の「ひとりもの」にも通用するような顔をした本を書いたもんだから、これは話がちがうではないか、と貧乏人が怒ったのである（と推測する）。まあ正当な怒りではある。とんでもない、あの本、随分参考になったわ、という人はいたのだろうか（まあいたのだろう）。

しかし、これは読者も悪いのである。上野は精一杯、おひとりさまの「平均的なリアル」を書こうとしたはずである。が、人は自分の立場にどうしても引きずられるものだから（わたしだっておなじだ）、上野は結果的に、裕福で知的なおひとりさまの「平均」を書いてしまったのである。それを読者の多くは「あら、もしかしたらわたしのことを書いてるのかしら」と思ったのではないだろうか。老後の不安のあまり、読者がワラをもつかみたい気持ちはわからないではない。しかし、よりによって「大学教授」をつかんでしまったのが浅はかであった。

専門知識を得ようとして大学の先生が書いた専門書を読むのならまだしも、なぜわたしたちは「大学教授」などに「老後」を教わろうとするのだろうか。「大学教授」ごとき、といってもいい。われわれ貧乏人もいい加減目を覚ましていいころである。

こんな本を今書いているわたしがいうのも天に唾するようなことだが、われわれは他人にたいしてあまりにも「教えてくれ」という欲求が強すぎるのである。

最近の人間には、もうおれバカでいいもんね、と開き直っている人と、もっと情報を、だれも知らないすごい情報をくれ、という人と二種類いる。いや情報というのではないね。おれはどうしたらいいのだ、と他人に答えを求めるのである。それで、自分ではなにも考えずに、他人の言説のなかに答えが書かれていないと怒るのである。高い金を払って買ったのに、と。

答えを要求するのは消費者の当然の権利というのであろうか。「おもてなし」という言葉に売り手も買い手も毒されて、わたしたちは即効性のある実用を期待しすぎなのだ。たとえそこに立派な見識が示されていても、そこには「あなた」自身のことが書かれているわけではないのである。

本には、もしかしたら自分の知らないすごい秘策のようなものが書かれているのではないか、専門家は自分の知らない目も覚めるような考えを持っているのではないか、と考えすぎである。すぐに、ちょっとしたことでも「目からウロコ」といいたがるのは、その悪弊である。たいしておもしろくもないのに、すぐに「抱腹絶倒」といいたがるのも同様である。

ウロコが落ちた目は、さてどんな新しい目になったのかといえば、たいして変わり映えはしていないのである。次の日起きてみたら、またもとの節穴に戻っているのである。ただ、「目からウロコ」といってみたいだけなのだ。画期的なアイデアなどそうそうあるものではない。あっても、わたしたちとは無関係である。

あなたのほうが生活者としては逞しい

「東京大学の先生」という肩書にだまされてはならない。べつに「東京大学の先生」にかぎらない。「大学の先生」も同断である（あるいは「作家先生」ないし「インテリ」「テレビに出てる人」でもいい）。かれらの学識にたいしては尊敬すればいい（といっても、その専門書などお呼びでない人は、尊敬のしようもないのだが）。しかし、かれら「大学の先生」や「作家先生」たちが生活者として、あなた以上の人間であるという保証はまったくないのである。むしろ、生活者としてはあなたのほうが上、ということだってあるのだ。あるというか、ほとんどそうかもしれない。

あらためていうのもばかばかしいが、テレビに出ているからエライのではない。本を何冊も書いているからエライのでもない。コメンテーターなる連中の言を聞いて、なんだつまんねえことといってるなあ、そんなことならオレだっていえるぜ、と思うでしょうに。有名人の来る店、行列のできる店がほとんどあてにならないのと同じだといっていい。かれらの舌などあてになるものか。

そんな人間に自分の「老後」の生き方を教えてもらおう、という根性がだめである。むしろ逆に、あなたのほうが教える資格があったりするのである。生活力だってあなたのほうが逞《たくま》しいかもしれないのである。なんでそんなに自信がないのかね。「大学の先生」が素人には及ばぬ学識を持っていようとも、ひとりの生活者としてはただの俗物にすぎない、と思っていたほうが間違いが少なかろう。

その点では、かれらもまたわたしたちとおなじように、金も名声も地位も権力もほしいただの人間にすぎない。そしてちゃっかりと自分だけはそこをきっちりと確保しているのである。もちろん、それが悪いというのではない。

かれらに学識があるのは当然である。それがかれらの仕事なのだから。しかし、それならあなたが米のつくり方や、陶器のつくり方や、魚の獲り方や、料理の仕方や、ビルの造り方や、会社員としての仕事の仕方に通暁しているのと、まったくおなじことである。子どもを生み、育て、家事を何十年にもわたってやりつづける専業主婦も、なんら恥じることはない。立派なことである。

かつての専業主婦論争なんか暇人たちのたわごとだったのである。無責任な観念がマスコミに乗って踊っただけである。わたしはそう思っている。その人間の社会的地位と、その人間自身をとりちがえてはならない。社会的に認められているから人間も立派、人生も立派、考え方も秀逸、なんてことはないのである。それとこれとは、なんの関係もありはしない。

じゃあ、学識もなく、おれたちとおなじ一介の会社員にすぎなかったおまえが、なぜこんな本を書くのだ、読む価値はなおさらないのだな、といわれると、じつはそのとおりです、というのもなんだけど、そのとおりである。わたしの本だけは読むに値する、などといえるはずがない。わたしの書く「平均的なリアル」は、上野千鶴子のそれよりもより現実的で、より「平均的」であるという自信はあるが、これはこれでけっこうつらいのである。

さみしいといえる相手？

で、その上野千鶴子の本についていいたいことはいろいろあるのだが（こういうときに最近は「つっこみどころ満載」という言葉が流行っているようだが、ただの決まり文句でそのいい方は好きではない）、今回は（前回はどこかに書いた。次回はもうない）おひとりさまの「孤独」についてである。

定年後というより老後に、自分はもしかしたら孤独な老人になるのではないか、妻にも見放され（先立たれ）、子どもも近寄らなくなってひとりになるのではないか、という不安は、少なからぬ人が抱いている不安ではないだろうか。いやもうわたしはすでにひとりだよ、という人もいるだろう。

そこのところを日本の最高学府に勤務する上野先生ははたしてどういっているのか。ひとつ、目からウロコの考えを聞き、できるものなら参考にしたいものである。ところがそんな大学の先生でも、一般的な事柄について答えようとすると、世間でいわれているようなフツーのことしかいえない、という事態を目にすることになるのである。まあそれも無理はないのだが。上野はこういっている。

「孤独とどうつきあうか。それが問題だ」「孤独とは、ふたつのつきあい方しかない。まぎらわせるか、向き合うか」。そこで、「どうせなら（孤独を）楽しむほうがよい」ということで、上野は「（わたしは）ひとりでいることも好きだ」といい、このような思い出を語るのである。

バンクーバーでひと夏を過ごしたとき、太陽が傾きかけると、さて出かけるかと缶ビールを一本持って、「太平洋に日が落ちる岬の突端にクルマを走らせるのが日課だった」「落日がゆっくりと水平線に近づくのを、芝生の上で海風に吹かれながら、缶ビールをちびちび傾けて待つ。その数時間の至福といったら！」

ううぬ。市内のケチな公園で悪かったな。見えるのは自転車で通り過ぎるおっさんや犬を連れたおばさんだけで悪かったな。ジョージアの缶コーヒーで悪かったな。なーにがバンクーバーだ、なにが太平洋の落日だ、と怒ることもない。

上野は、自分は孤独を楽しむことができる、といいたいのだろうが、こんなものは「孤独」でもなんでもありゃしない。たまさか空いた、ひとりだけの時間でしかない。この思い出話のあとで、さらにこういっている。

強がりばかりに聞こえるかもしれないから、もうひとつのさみしさとのつきあい方、つまり、孤独のまぎらわせ方について考えておこう。

わたしの基本は、さみしいときはがまんしなくていい、というもの。さみしいときはさみしいと言おう。もっと正確にいうと、さみしいと言える相手をちゃんと調

（上野千鶴子『おひとりさまの老後』法研）

達しておこう。

どっかテレビか本で何度も聞いたことがあるような話である。独特なのは「調達」という用語だけである。なにが「わたしの基本」だ、かね。がまんなんかしなくていい。どうせなら楽しもう。さみしいときにはさみしいといおう、自分で自分を抑圧することはない、哀しいときは泣けばいい、きつかったらがんばらなくていい、だって人間だもの。流行りの論法である。

それで、さみしいときにさみしいといって、それでそのさみしさはどうなるのかね。「調達」しておいた友人に、さみしいといって、だからなんなのだ。口に出せばすこしは気が楽になるじゃないの、といったって、なった気になるだけで、ほんとうはなりゃせんのである。それに毎日、友人に「あたし、さみしいの」というわけにもいくまい。上野は自分では気の利いたことをいってるつもりなのかもしれないが、ただ思いつきをいってみただけの言葉である。「わたしはさみしい。だからなんだ」と自分にいったほうがまだましである。

わたしは自分の弱さを知っているから、人間関係のセーフティネットを努力してつくるようにしてきた。外国生活にストレスが多いのは、前述したとおり。それなら、グチをこぼしたり、ごろにゃんしに行ったりできる相手をできるだけ早く見つけるにかぎる。しかもなんでも現地調達。友人はこれを「キョーフの毛沢東主義」とよんだ。

親しい友人たちは、わたしがグチの多い、優柔不断な性格だと知っている。もちろんそんなところは仕事仲間には見せないが。若いときは、他人にグチなど言いたくなかったし、他人のグチも聞きたくなかった。慰めを言われると「気やすめなんて、よしてちょうだい」と返したものだが、歳をとると考えが変わった。(同書)

友人が「キョーフの毛沢東主義」と呼んだ? ほんとかね。「現地調達」の悪行ならいっそキョーフの旧帝国陸軍主義のほうがいいのでは? どうでもいいけどな。他人にグチなどいいたくなかったくせに、慰めをいわれたということは、グチをいったということではないか。自分がグチっておいて、慰められると「気やすめなんて、よしてちょうだい」なんていわれて、その友人とやらもいいツラの皮である。というより、この文章はじつにウソくさい。

で、年をとった上野はどう変わったかというと、こう変わった。

グチも言えない間柄なら友人とはいえないし、たとえ助けにはならないとわかっていても、せめて「気やすめくらい、言ってくれてもいいでしょう?」という気分になった。逆に自分のほうでも、「助けてあげられないけど、グチくらいいつでも聞いてあげるよ。こぼしにおいで」と言えるようになった。（同書）

まったく、どうでもいいことである。あまりうれしくない友人関係でもある。なにが「こぼしにおいで」だ。あいかわらず文章がウソくさいのだ。

それがどうした、とねじふせる

長々と上野千鶴子にこだわりすぎるきらいがあるが、ご辛抱願いたい。もうすぐ終わる。

人間が「こわれもの」であることがわかるようになったのが、年齢の効果だろうか。「こわれもの」だから、「こわれもの」のように扱わなければならないと思うようになったのだ。それも、ずいぶんたくさんこわしたあとのことだ。

こういう気分になったとき、女でよかったなあ、としみじみ思ったものである。弱音を吐くことが恥にもキズにもならないからだ。そういう目で同世代の男を見ていると、かわいそうになる。ストレスは女と同様にあるだろうに、それを吐き出すことを自分に禁じているばかりに、たまりにたまって病気になったり自殺したりするのだろう。

（同書）

そんなものは「年齢の効果」ではない。男だって弱音なんかいくらでも吐いているのだ。それでもムキになって頑張るのだ。「助けてあげられないけど、グチくらいいつでも聞いてあげるよ。こぼしにおいで」だけですんでしまうのなら、そんなものはその程度のものでしかない。

金が返せず、病気が絶望的で、生きる意欲を失って、自殺するのである。だれが好き好んで自殺するものか。生きている人間が、ただ生きているというだけで、可哀そうに自殺してしまって、と威張るんじゃない、と思う。

「女でよかったなあ」ではない。東大の先生になって、別荘もあって、金も貯まってよかったね、ということである。弱音を吐いただけで、病気にもならず、自殺もしないですむなら、男だっていくらでも弱音を吐き、ぶざまさも見せるのである。いまどき、口惜しさも恨みも苦しさも情けなさも寂しさもぐっと呑み込んで生きているような、サムライみたいな日本の男がどこにいるというのだ。八十歳になっても、自我を抑えこむこともできず、おれをどこのだれだと思ってるんだ、と役所に怒鳴り込むようなへなちょこな男ばかりではないか。

つらい、哀しい、痛い、困った……。そんなときに、「助けて」と言える。しかも平気で言える。女でよかった、と思えるのはこんなときだ。

助けてと言ったときにだれも助けてくれるひとがいなければ、こんなに哀しいことはない。こういうときのためにセーフティネット、つまり、いつでも泣き言を聞いてくれ、困ったときに助けてくれるひとを調達し、かつメンテナンスしておくこと。友人とは、そのためのものだ。

（同書）

だいたい「人間関係のセーフティネット」「キョーフの毛沢東主義」「（人間は）こわれもの」「（友人関係や家族の）メンテナンス」などなどの言葉遣いにみられる、どう知的でしょ？　ちょっと気がきいた用法でしょ？　とでもいいたそうなその感覚が鼻もちならない。その一方で、わたしはただ知的なだけじゃないのよ、「ごろにゃん」という俗っぽい言葉だって使えるのよ、という感覚もまたどんくさいのである（上野に実際に会ったことのある人の言によると、上野はじつにチャーミングな女性、であるらしい。むろん、それはそれでいい）。

上野のいう「さみしさ」とは配偶者や同棲者のいないさみしさなのか？　だって、友人は沢山いるのだから。わたしの考えるさみしさは、さみしいといえる相手がひとりもいないさみしさである。「人間関係のセーフティネット」などあるはずもない。インテリはすぐ、孤独を楽しめば人生は「豊か」になるなどいいたがるが、孤独なんか楽しまなくていいのである。友人にぐちってまぎらわせなくてもいい（するなというのではない）。わたしは公園で孤独を楽しんでいるわけではない。

わたしは孤独をねじふせたい。さみしいから、どうした、である。だから、なんだってんだ、である。さみしい、という感情はあるだろう。そのように感じてしまうことはどうしようもないことである。だが、それがどうした、と無理にでもねじふせるのである。金のないのは困る。病気も困る。だが、さみしいから、どうしたのだ。さみしいとなにが困るのだ、そうやって居直るのである。だってどうしようもないではないか。だれもいないのだから。こんなわたしはいずれウツになるのだろうか。

孤独だとどうなるのか

学生時代の友人Kが大分に住んでいる。奥さんを七年前に亡くした。子どもはふたりで、息子は就職して遠くに住んでおり、娘はすでに嫁いだ。Kはひとり住まいである。何カ月かに一回、長い電話をかけてくる。話の隅っこで、「やはりさみしいな」というのである。「いまだにひとりに慣れなくてな」と。こういうときに、どういったらいいのかをわたしは知らない。で、こんなことをいったのである。「弱いねえ。おれはひとりでも強いぞ」と。Kは力なく笑い「おまえはひとりになったことがないからだよ」といった。たしかに、そうかもしれない。

老いたときにかぎらず、人が恐れるのは孤独である。人は社会的動物だから、人のなかで生きることはあたりまえである。「ひとりぼっち」といういい方は、すでに物悲しい。けっして喜ばしい言葉ではなく、喜ばしい状態ではない。だれもが、できれば避けたい状態である。わたしもおなじである。べつに孤島に住みたいわけではない。

なぜわたしたちは「ひとりぼっち」（孤独）が恐いのか。「さみしい」とはどういうことか。

単純に、共感者がほしい、自分を認めてくれる人がほしい、ひとりではこころが躍動しない、という本能的なことかもしれない。人から、あいつは友だちがいない、と思われることが耐えられないということもないではないだろう。だが、自分でも自分をそのような孤独な人間として見てしまうことが、さらに自分を追い詰める。おれには友だちがいない、なんの人間的魅力もないだめなやつなんだ、と自分で自分を追い詰めてしまうのである。

老年の孤独はすこしちがう。友だちがいないまま老年になった人間はそのままであるが、それまでは家族や友人や仕事の仲間がたくさんいた人も、定年で仲間が消え、やがて家族も友人も減少していくのだ。「ひとりぼっち」とは、もともと教団に所属していないか、そこから離脱した「独り法師」が語源とされる。これが否定的な意味を持っているところから、自分の信念によって所属しなかったり離脱したのではなく、もしかしたら所属できなかったり追放された坊さん（破戒僧）だったのではないか、と思われるが、もちろんこれは根拠のないただの推測でしかない。

老年の不安のひとつに、まちがいなくこの孤独があると思われる。とくに男は女にくらべて社交的ではないから、配偶者が死ぬと隣近所とはつき合いのない孤独になりがちである。だからといって老年の女が孤独に強いとはいえないだろう。ひとり暮らしの老人が死ぬと、かならず「孤独死」といわれる。人間の死のなかで、もっともみじめな寂しい死、というニュアンスがこめられ、かならず、行政や近隣はどうにかできなかったのだろうか、といわれるのだが、ただいってみるだけで、どうにもできなかったのである。

多くの人は好き好んで孤独になるわけではない。なかにはひとり暮らしが好きという人もいるだろうが、ほとんどの人は、やむなく孤独になるのである。こまかくいえば、孤独とひとり暮らしは違う。ひとり暮らしをしていても遠くに家族や知人がいる人はいる。孤独とはそういう人が皆無ではないにしても、ほとんどいないに等しい生活をしている人である。

が、ここではこまかい違いなどはどうでもいい。孤独もひとり暮らしも似たようなものである。子がいて親戚がいて友人がいて、連絡をとりあい、会って話し合っても、それを毎日するわけにはいかない。地域の集まりや趣味の会に所属していても、毎日集まるわけではない。基本はやはりひとりである。独居である。

とはいえ、人によってこの違いは大きいことかもしれない。朝から晩まで、ほとんど毎日だれとも話すことなく暮らすことは苦痛であり、せめて茶飲み話でもいいから、その相手が欲しいというのは切実なことかもしれない。しかしあの明石家さんまだって、ひとりのときは黙って静かにしているしかないのである。

六十五歳以上の高齢者の万引きが激増しているらしい。その動機を訊いてみると「孤独」が二四%、「生きがいがない」が八%だったという（『朝日新聞』二〇〇九年八月二十七日付朝刊。前日のNHKのニュースでは、「孤独」は三分の一、「生きがいがない」は半数だった、とあり、そうメモしたのだが）。またその九〇%が、友人が「いない」「少ない」と答えた。ところがその五〇%はどういうわけか生活的には「幸福」と答えているのである。

よくわからない統計である。若者の万引きの動機は「ゲーム感覚」が最多だが、高齢者にとっては孤独感が万引きの最大の原因になっているということか。だからといって、なんの正当化にもなりはしない。テレビで時折流れる万引き現場の映像を見ると、かれらはもっとぬけぬけとしており、もっとしたたかである。ひらきなおり、ふてぶてしいのだ。たとえ孤独や生きがいの喪失がほんとうに万引きの原因であったとしても、わたしはまったく同情しない。

種田山頭火は放浪の旅に出た。一高、東大を出た俳人尾崎放哉もまた出世コースの職を捨て、妻を捨てて、ひとり遁世漂泊の旅に出た。うーむ、いいねえ、と思っていたら、これがまったく話がちがって、尾崎はじつはとんでもない酒乱で、そのために仕事は首になるわ、妻からは愛想をつかされるわで、しかたなく寺々の間を転々としただけのことで、挙句知人たちに金の無心をしまくり、ようするに自業自得だったわけで、そんな境遇で○や△を描いたミロの絵画みたいに「咳をしても一人」とか一句ひねっても、そんなこと知ったことか、と思ったのである。

ところが吉村昭の『海も暮れきる』（講談社文庫）を読むと、肺病に侵され貧苦にあえぐ放哉のさみしさがやはり哀れに思われてくる。放哉はひたすら知人の来訪を待ちわびるのである。知人への手紙に「今日は島は雨……淋しいな」。その自由律俳句には「つくづく淋しい我が影よ動かして見る」「たつた一人になり切つて夕空」「たばこが消えて居る淋しさをなげすてる」「こんなよい月を一人で見て寝る」（『尾崎放哉全句集』ちくま文庫）などがある。

さみしさや孤独に耐えられない、という。ほんとうの孤独に人は耐えられるものではない、という。では、耐えられないと、なにがどうなるのか。万引きをするのか。人にあたるのか。気が狂うのか。自殺するのか。さみしさはあり、孤独はあるだろう。人と話したくなるだろう。だれかと繋がっていたいと思うだろう。わたしは孤独でも大丈夫だ、ひとりでも強いからな、にも限度があるだろう。ではもしその限度にきたら、わたしはどうするのか？　ゴミを集めるようになるのか？　ウツになって自殺をするのか？　ほんとうに孤独に耐える限度というものはあるのだろうか。

だが、どんなにさみしくても、孤独でも、どうしようもないとしたらどうなのか。だから、それがどうした、と居直るしかない、とわたしは思っている。孤独でいいじゃないか、と思うか、どうしようもねえぜ、と思うか。もしくは、そんなことを考えることをやめようとするだろう。「おれはさみしい」なんか、思わないこと。思っても「それがなんだ？」と自分にいいたい。

大ていの人には連れあいがいる。ひとりよりはまだましということか。たしかにましである。だが、二人ぼっちになってさみしい、と思うかもしれない。「お二人だけですか。さみしいですね」といわれるかもしれない。「ほお、お子さんやお孫さんが帰ってきてますか。にぎやかでいいですね」といわれたって、それも盆正月だけのことだ。とにかく、「さみしい」なんて思わないこと。

わたしはかわりに、なにかをするだろう。たぶん、万引きはしない。人にもあたらない（あたれない）。小さいことに、笑い、気分を一新し、これでよし、と思おうとするだろうと思う。だって、それよりしかたないものね。感情を頭でねじふせるのである。できるかどうかは知らない。できなければそれまでである。こんなことをいっているわたしは、いつか真の孤独にこっぴどく痛めつけられそうな気がする。だが、それはまたそのときのことだ（実験的に、一カ月ほど孤絶した生活をしてみようかと考えたが、諸般の事情で叶わなかった。少し残念）。

「充実した人生」というインチキ言葉に負けない

わたしたちはさまざまな言葉のなかで生きてきた。当然、わたしもそうである。身近にいる人間からさまざまなことをいわれて、傷つき、落ち込み、むかっ腹を立て、反発してきた。心地よい褒め言葉、身に余る言葉を受けたことも、当然多くはないのだが、いくつかはあった。自分自身にたいしても、こころのなかで、自省と開き直りと自己正当化の言葉をいいつづけてきた。

近親や友人との日常会話のほかに、世間ではそのときどきの流行り言葉（単語）があるのであった。基本的にどうでもいい情報が、テレビ・新聞・雑誌を通じて全国津々浦々に浸透していく。報道価値のないふつうで真ん中の事象は無視されて、都会的なもの、華やかなもの、成功したもの、かっこいいもの、流行りもの、贅沢なもの、ようするにプラスに希少なものだけが情報として知れわたっていく。それを表わす言葉が流行となる。むろん一過性である。

超かわいい。セレブ。カリスマ。めっちゃ。ぶっちゃけ。イケメン。ググる。エコ、などなど。そうでなければその逆の醜いもの、不幸なこと、かわいそうなもの、犯罪、スキャンダル、つまりマイナスに希少なものもまた報じられる。ださい。きもい。逆ギレ。ぶさメン。パラサイト・シングル。勝ち組負け組。ワーキング・プア。モンスター・ペアレント。どちらも極端である。

わたしたちは知らず知らずのうちに、それらプラスかマイナスの言葉にわが身を引き比べる。はたして自分はそれに該当するのかしないのか、と。プラスを見る。マイナスを見る。そして一喜一憂する。自分はまだいい方だと一安心し、その他方で、あいつらはいいよなあ、と羨望する。

それだけではない。世間で言い習わされた紋切り型の言葉（言い回し）がある。紋切り型の定型イメージといってもいい。「子どもは元気ではしゃぐものだ」「夏休みには真っ黒に日焼けするものだ」「老人は年がいもないことはすべきではない」「男は強くならなければならない」「女はやさしいものだ」「母は強し」。最近、これらの伝統的な定型のほかに、いかにも現代的な新作が加わっている。「がんばらない」「ありのままのあなたでいいんだよ」「自分らしく生きたい」「輝きたい」「一回限りの人生、楽しまなければ損だ」「夢をありがとう」「元気をもらった」「勇気をあたえたい」「地球（環境）にやさしい」

これらの新作を書いていると、じつに「くっだらん」という思いが湧いてくるが、まあ、こんなものはどうでもいいといえばどうでもいい。いずれそれなりに淘汰《とうた》されていくだろう。それよりも、わたしたちの感情のなかにまで食い込んでいる言葉のほうが重大である。そのような言葉は、ちょっとしたことにでも湧きあがってきて、自然といえば自然だが、きわめて不用意に使われるマイナスの言葉である。

それが、これだ。「悲しい」「わびしい」「さみしい」「孤独だ」「わたしはみじめだ」「ひとりぼっちだ」「わたしにはなにもない」「わたしにはだれもいない」「なにをやってもだめだ」「なんにもできない」「不幸だ」「自分の一生とはなんだったのか」「わたしっていったいなんだったのか」「あいつがにくい」「なんでわたしだけがこんなに苦しむのか」「あいつを苦しめてやりたい」などなど。

すべて不吉な言葉ばかりである。いかにも心身に悪そうではないか。金がほんとになくて辛いのはどうしようもないことである。病気で苦しんで絶望的になることはしかたがない。だけどこれらの言葉は、ただ失恋した、友人がいない、毎日ひとりだ、結婚相手がいない、バカにされた、などの現状にたいして湧きあがってくる感情の言葉である。感情は感情でしかたがない。だが、それをわざわざ言葉で過剰に補強するのである。

自分の現状にたいしてこんな否定的な言葉を自分にいわないことである。そんな感情が湧きあがってくるのはしかたがない。が、それをさらに言葉として、わざわざ確認し強調するように、傷口に塩をすりこむように、内心で自分につぶやくことは意味がない。自分をさらに掘り崩すだけである。自分で自分を「みじめ」だなんて、そういうふうにいってもなんの益もないのである。こういう言葉の使い方は百害あって一利もない。

老後に関する言葉もおなじである。「豊かで充実した老後」「ステキな生活」「これからがほんとうの人生だ」という言葉なんか、どうでもいいのである。そういう暮しをしている人がいるだろうが、それはあなたではない。むろん、わたしでもない。あやかりたい気持ちはわかるが、他人を見ないことである。そして自分も見ないこと。見てもいいが、見過ぎないことである。世間の言葉はいうまでもなく無責任である。そんな言葉に煽られたり、負けることはないのである。

自分のプラスを数え上げる

諸富祥彦がこんなことをいっている。「幸せには、三つの種類があります。一つ目は仕事もお金も家庭も恋もすべて手に入れる、という獲得することで得る幸せ。がんばって手に入れて欲望を満たす。本屋に並ぶ成功マニュアル本の多くがこれに関するものです。二つ目は、捨てることで手に入る幸福。欲望を捨て精神的に成長することで自然と見えてくる幸せ。これは斬新なようで、宗教的には一般的な考え方です。そして三つ目は、人生のどん底をなんとか耐え、心の平安をぎりぎり保つ幸福の知恵です」（『毎日新聞』二〇〇九年八月二十八日付夕刊）

ここまではいい。最後にこういっている。「女性は恋愛、男は仕事に依存することが多いものです。適当にやっているうちは傷つかずにすむ。反対に無我夢中になっているときは深い幸福感を感じますが、失ったときはひどい喪失感に苦しむ。大きく傷ついてしまうリスクが付きまといます。それでも無我夢中で仕事をし、恋をすることはこの人生で一番大切なことだと思います。本当の幸せは本気で生き、みじめな自分

になることを覚悟した人にしか手に入らないものだと思います。人生って本当に逆説的ですね」（傍点引用者）

題は「新幸福論」である。見出しは「みじめな自分を覚悟して、本気で生きていく」である。いっていることに格別の異論はないが、ひとつだけ、「みじめな自分になることを覚悟した人」など余計なことである。いわんとしていることは、世間の価値から弾き出されることを覚悟する、ということだろう。そのことはいい。しかしそれを「みじめ」と呼ぶことは余計である。

いったい、自分でさらに「みじめな自分」と引きずり落としてなんの意味があるのだろうか。そんな「覚悟」なんかいらない。前にも書いたが、ときどき、「おれをだれだと思ってるんだ！」と役所の窓口に怒鳴り込む年寄りがいる。「ただの老いぼれじゃないか」とは思ってもだれもいわないが、「おれはえらい」と大物ぶるのではなく、おなじように「自分はみじめだ」も論外である。

あの人かわいそうねえ、みじめだなあ、あわれだなあ、といったり思ったりする人間はいつでもいる。心の中で思うのはしかたないが、そういうふうにいっている本人があわれでかわいそうでない保証はないのである。そんなことは関係がない。他を見下すことによって、必死に自己防衛しようとする幼稚な心理なのだろうけど、いったほうが勝ちではないのである。「あんたはなにが楽しくて生きてるんだ?」とえらそうに人にいうその人間が、どんな楽しさの中で生きているのかというと、きまって大した楽しみは持っていないのである。こんなことはいうまでもないことだ。しかし、よくも他人を見下すようなことを平気で口にだせるものだと、そっちのほうがわたしには不思議でならない。

今のこの状態がわたしである、だけでいい。それに「みじめ」だの「なにもない」だの「だめだ」などの修飾を自分でつける必要はまったくない。「わたしは孤独だ」も「わたしはさみしい」もいらない。どうしてもそう思ってしまうのなら(そういうことはあるだろう)、「さみしいなあ、でもそれがどうした」と思うことである。これは「ありのままの自分でいいんだよ」ではない。これが自分の現況である、というだけのことである。その現況が好ましくなければ、好転するようがんばろう、ということはある。だが、そんな状況にある自分はみじめだ、はまったく不要である。そんな自分を否定したところでいいこともないのである。

むしろ、わたしはとりあえず健康である。住むところがある。仕事もある(なくてもいい)。当分、食べていけるだけの金もある。親も兄弟もいる(いなくてもいい)。わたしはまだ生きている。悪くはない、と自分のプラスを考えることである。

人間は弱いものだ。そんなことはとっくにわかっているのである。だがそんなことをいってもなんにもならない。逃げ口上にしかならない。弱さは無化できる。だが、まだ生きている、と意味をつけることである。自分で動ける、歩くことができる、自転車に乗ることができる、手は動き、目は見える、と意味をつける。

三食が食べられる、人に声をかけることができる、挨拶をすることができる、席をゆずることができる、空を見上げることができる、と意味をつける。懐かしい人がいる、自分の非を謝まることができる、他人に共感することができる、と小さなことに意味をつけることだ。いつでも根本は、あなた自身の現況（リアル）である。だけどできるだけ自己卑下はしないこと。大丈夫ではなくても大丈夫と思うこと。そして今日一日、つつがなく終わるなら、それは悪くない。

第六章　元気な百歳ならけっこうだが

アンチ・エイジングの次はアンチ・ダイイングか？

「フォーエバーヤング」。いつまでも若いままでいたい。中年になり、老年にさしかかった人のだれもが抱く切なる想いといっていいだろう。気持ちはわかるがしかし、やはり無理な相談である。じつに人間はいじましい。もし若いままが無理なら（だから無理なのだが）、せめて老化に抗《あらが》う方法はないものか。

「あるよ」といって、高齢のじいさんばあさんたちのまえに登場したのが「アンチ・エイジング」である。すなわち「抗老化」「抗加齢」である。老化防止というよりは老化遅延化ということだろう。いかにも水ぶくれした先進国の高齢化社会にふさわしいテーマである。また人の弱みにつけこんで、化粧品や健康食品を売ろうとする会社がはじめたものかと勘繰っていたら、すでに日本に抗加齢医学会というものがあり、ちゃんとした（?）医学者たちが研究をしている学問だったのである。ちっとも知らなかった。

その医学会のHPにこうある。「抗加齢医学（アンチエイジング医学）とは、加齢という生物学的プロセスに介入を行い、加齢に伴う動脈硬化や、がんのような加齢関連疾患の発症確率を下げ、健康長寿をめざす医学である」。あれま、「介入を行」っちゃうのか。「究極の予防医学」という表現もある。アメリカからやってきたものらしいが、いかにも「フォーエバーヤング」の国、アメリカ人が考えそうなことだ。

右の文章が「アンチ・エイジング」の定義かと思っていると、そのHP上にさらにもっときちんとした定義として「元気で長寿を享受することを目指す理論的・実践的科学」と出ている。二〇〇六年には「アンチエイジング国際シンポジウム」なども開催され、その年の「アンチエイジング・パーソン・オブ・ザ・イヤー」に選ばれたのは三浦雄一郎である。

が、世間一般では、そんな「学問」などはどうでもよくて、やっぱりね、とわたしは思ったのだが、見た目の皮膚の若返りや体内体外の老化防止に関心が集中していて、美容整形外科、化粧品、食品、サプリメント、エステなどの商売が隆盛である。ヒアルロン酸注入とかやるらしいのである。民間にもその類の団体があって、どんな団体かよくわからないのだが、こっちの「アンチエイジング賞」に選ばれたのは、ゴゴゴーの郷ひろみではなく、あの石田純一である。

なるほど。石田純一ね。たしかに若いといえば若い。ルー大柴や六平《むさか》直政と同じ五十五歳とはとても思えない。ところでこのアンチ・エイジング・ムーブメントはてっきり四十代以上の人向けのものかと思っていると、なかには「二十代からのアンチ・エイジング」なんてものがあったりしてビックリした。というより、バカじゃなかろか、と思うのである。こんなことをいうと、女心のわからないスカタン野郎ね、それでよくも「人間」がわかったような顔をして、エラそうに本なんか書いていられるわね、と怒られるだろうから、申し訳ない、と謝っておく。わたしは腰は低い。

こういうものに興味を持っているのは圧倒的に女の人であろう。シワ、タルミ、シミをとって、見た目でもっと若返りたいと思い、実際にサプリメントを摂取し、プチ整形をやり、造顔術なんかをやってしまうのはやはり女であろう。女といっても、やはり五十代以上のおばさんが主であろう、と推測するのだがよくは知らない。三十代、四十代くらいからもう気になるのであろうか。あろうか、ではない。たぶん、なるのであろう。あなたは無駄だからよしなさい、という人も、気にしているのであろう。そういう人こそ切実なのかもしれない。

ダイエットならもう十代から女の子たちは興味津々である。『世界一の美女になるダイエット』なる本が売れるのである。やはり自分の見た目が他のどんなことよりも気になってしかたがないのだろう。「世界一」や「日本一」はもちろん無理だとわかっているが、もしかしたら「埼玉一」、いやこれも無理。ならばせめて「同世代一」？　これも無理か。ならば「町内一」「社内一」「クラス一」はどうか？　ふふ、これならいけるかも。え？　それも無理？　だったら「友人一」「近所一」は？　もしかしたら「自分一」を目指しているのかもしれない。

佐伯チズとか田中宥久子とかかづきれいこが持て囃されるゆえんである。彼女たちが講演会（？）でも開こうものなら、老若の女が殺到するらしいのである。それだけではない。「そうだ、骨盤矯正もしなければ」「バンドも腰に巻かなくちゃ」と目配りは怠りないのだ。あのなんとかいう人の、あのへんな帽子をかぶった、あのクネクネのウォーキングはまだ盛況なのだろうか（デューク更家さんだった）。

そこの、キャップをかぶって自転車をテレテレ漕いでいるおじさん。あなたはそんなもの、なんの興味もないよね。「アンチ・エイジング」どうですか？　造顔どうですか？　シルバーグレイの紳士とかシブくてダンディなんて言葉は死語になったはずだけど、まだ一部の中年男のあいだではしつこく残っているのだろうか。人気商売の金持ちの中年男たちはこの「アンチ」をやっていそうである。「鶴瓶の家族に乾杯」などの番組でテレビが我が家に不意にやってきたりすると、おばさんたちが「あらやだ、化粧してくればよかった」なんかいって、あわてて手グシで髪の毛をセットしたりするのだが、わたしはあれは嫌いではないのである。人にもよるが、あのしぐさは悪くない。でもおばさん、間違ってるよ、と思うのである。もうその年になると化粧なんかしない素顔のほうがよっぽどいいよ、と思うのだが、こういう意見はやはりだめなのであろうか。だめなんだろうな。

そんなことはありえないのだが、まさにありえないがゆえに、人間は昔から「フォーエバーヤング」を願い、その果てに「不老不死」を夢見たのだった。しかし、いずれまた全能志向のアメリカ人が、今度は「アンチ・ダイイング」の研究をはじめそうである。もうやっているかもしれない。これもチャレンジ精神か。Make impossible possible（不可能を可能にする）精神か。

それほどまでに、「老い」はやはり醜いと思われ、その果ての「死」はあってはならないものだとされているようである。いや、人類というよりも、このわたしだけは死んではならない、と思われているのか。「アンチ・エイジング」は必然的に「アンチ・ダイイング」を招来する。

人間は死ぬものである——余命一年と思って生きる

長寿はもう無条件にいいことだとされている。わたしたちはどこまで生きるつもりなのだろうか。どこまでといっても、とりあえず死ぬまでなのだが、できるなら元気なままで百歳くらいまで、と思っている人は少なくなさそうである。しかしその希望は不安と背中合わせである。

生活の不安といえば、六十歳よりは二十歳のほうが大きいかもしれない。なにしろ先が長い。六十歳はあと二十年ほどだが、二十歳はまだ六十年もあるのである。が、そんな先のことは考えてもしかたがないし、若者はいつまでも若いと思っているから、この不安に切実感はない。まだ六十年も生きられるという安心感のほうが不安を上回るであろう。つまり、死への不安はない。死など、ほとんど無限の彼方である。

六十歳はこの先二十年の生活がなんとかなったとしても、その先には確実な死が待っている、というのがいかにも救いがない。まったく一日一日、一月一月、一年一年は死への一里塚である。これから二十年しか生きられないのか、苦労して生きてもその先は死かよ、である。しかもそれまでがヨボヨボグダグダだしね。丸々二十年の生活設計はほとんど困難かつほとんど無意味なのだが、それでも命だけは二十年といわず、できることならもっと先まで延ばしたいというのが人情だろう。

百歳で元気な人がいる。百歳まで生きると市や町から表彰されるらしい。正直にいうと、わたしはそういう長寿の人にほとんど関心がない。そりゃあ、百歳まで元気な人はいるだろう。宝くじにあたる人だっているのだから、と思う。すごいなあ、と思わないわけではない。けれど、それもその人の結果ではないだろうか。よし、わたしは百歳まで元気に生きるぞ、と決意して生きたのではないだろう。バカなアナウンサーがただの決まり文句で「おばあちゃん、元気の秘訣はなんですか？」と訊いたりするが、ばあさん、困ってるじゃないか。そんな秘訣などあるわけがないのだ。

わたしたちは、死ぬものである。いずれ、わたしも間違いなく、死ぬ。あんまりうれしい事実ではないが、そうなのである。それはそうなのだが、とりあえずその日は明日ではないだろう、と思っている。だから今日の日は穏やかなのだ。平均寿命からいえばあと十五年か二十年あるようだが、そんなものはなんの保証でもなく、それが一年後か五年後であるか、だれにもわからない。はっきりしていることは、わたしは百歳はとても無理、ということである。

もし余命三カ月と宣告されたら、おれはどうするだろう？　と仮定してみる。時折、そういうことは考える（考えるな、といっておきながら）。三カ月か。ちと早すぎるな、という感じがする。ご勘弁願いたい。それなら半年はどうか。いや、もう一声。では一年か。うーん、まだ短い。では五年なら？　少し楽になる。よし、こうしましょう、十年で手を打ちましょう、とこっちから提案したくなりそうである。

そんなときである。唐突に、戦艦大和と武蔵から奇跡的に生還した吉田満と渡辺清は五十六歳で亡くなったのだぞ、と思うのだ。わたしは二人よりも、もう六年も長く生きている。十八、十九歳の特攻兵たちは、明日出撃、死んでこい、といわれたんだぞと思う。ＢＣ級戦犯で無実の死刑囚は、これから処刑執行といわれたのだ。もちろん、いわれただけではなかったのだ。

それはそうなのだが……。かれらとわたしとはなんの関係もないのだが……。どうも悪い思考のくせがついてしまったものである。それでいきなり粛然として、なんの根拠もなく、余命一年と思って生きてみよう、と思うのである。これが逆に不遜な考えであることはわかっている。しかもそれで毎日が充実するわけではない。死の準備でもない。なんの効力も期待できそうにない。そう思ったとしても、相変わらず怠惰で太平楽な毎日が過ぎていくのだろう。

が、とりあえず、そう思って生きることにしよう、と思うのである。わたしは死ぬものである、ということを確認するためにである。それで文句をいわない。それ以上、考えすぎない。今年一年が無事にすぎたら、また一年。いずれ、ほんものの「死」が眼前に迫って、わたしは蒼白になり、したたかに打ちのめされそうである。

生きる最低の線

わたしは五木寛之の陰鬱な考えが好きである。こういっている。

「教育もだめ、医療もだめ、年金もだめ、国を守る防衛省でも不祥事が起きる。官僚のモラルは崩壊し、企業では、利益優先の前で人間の世界が草刈場になっている。宗教の世界はオウム真理教の事件以降、まったく権威が失墜してしまっている。普通の家庭で育ったはずの子が、とてつもなく残忍な犯罪を起こす。人はそれを右から左へ忘れてしまう」「こういう世の中で、鬱にもならず明朗活発に生きていられる方が人間としてどうかしているのではないか、とさえ思われてくる」（五木寛之『人間の覚悟』新潮新書）

いまの世の中では、ウツになるほうがむしろまともなのだといっている。陰鬱だが、ジメジメしていない。けっして消極的ではない。わたしにはむしろ積極的な考えだと思われる。カラッとしている。ウソの形式的な積極性ではないからである。五木はウソの夢や希望を語らない。こうである。

親鸞は、弟子一人もつくらず、と言いましたが、それは結局のところ、人は一人でいく、ということなのではないか。

人間の縁というものも、あまり密着すると非常に難しいことになるのです。それを敗戦後二年近くかかった引揚げの中で体験してしまったせいか、人とは淡くつき合おうというつもりで生きてきました。

ですから私は、人に裏切られた、と思ったことは一度もありません。親しくなって期待するのはいいのですが、どうしても甘えが出てしまいます。「これだけしてやったのに、なんだ」と思うよりは、まず一応はあきらめることにする。

ボランティアではありませんが、自分の勝手で好きでしているのだから、それに対して相手が石を投げてこようと怒ろうと、仕方がないと考えているのです。

（同書）

頭ではわかっていても、これはなかなかできない。わたしたちはつい、裏切られた、そんな人間だとは思わなかった、もうだれも信用できない、と思いがちである。謝れよ、礼をいえよ、と思ってしまう。

五木がいうのは、すべてを「あきらめる」ということである。国のみならず、家族、家庭、夫婦、人脈などに「頼る気持ちを捨てる」。「高齢者に優しい社会などない」と覚悟する。健康など「幻想」だ、善意は報われないとあきらめる。良きことは報われない、愛も報われない、人の想いは通じない。

それで「小さくても素朴な善意に接することができたら、躍りあがって喜ぶべき」である。「今日一日、とにかくこうして終わった。きょう一日を生きられたことはよかった。ありがたい。明日はもう目が覚めるかどうかわからないのだ」。翌朝起きられたら「ああ、目が覚めた。ありがたい。きょう一日何とかして生き延びよう」とつぶやく。「生きることの大変さと儚《はかな》さを胸に、この一日一日を感謝して生きていくしかない」。あきらめながら、あきらめていないのだ。しかし、ちょっと大げさ。

結局、五木寛之がいいたいことはこういうことである。「何でも最低の条件と比較する」こと。たとえば地方に講演に行くと古くて小さなビジネスホテルしかないところがある。しかし昔、難民キャンプにいたことを思い出せば、これで「なんの文句があろうか」と思う。「世の中というものはものすごく不合理で、人間は非条理なものだという感覚は常にもっておいたほうがいい。マイナス思考とは意味合いが違いますが、まずすべてを最低の線から考えた方がいいような気がするのです」（同書）

賛成である。わたしは最近、戦記物の本ばかり読むようになった。そのせいか、なんにつけ、兵隊さんという「最低の線」を基準とするようになった。

大東亜戦争はアジアへの侵略戦争だった、人間とも思えない残酷なことを現地の人たちにした、などという問題は、この際措いている（そうではなかった、そんなことはしなかった、といいたいのではない）。ガダルカナルやニューギニアやインパールなどの戦地で戦った兵士（日本陸軍の七割が飢死したといわれる）のことを考えるのである。あるいは、特攻死した飛行兵（なかでも十七、八歳で死んだ少年兵）たちのことを考える。

駅のエスカレーターに老いも若きも行列をつくる。エスカレーターの右側を歩いて昇るのは少数で、ほとんどガラ空きなのに、左側にズラーッと並ぶのである。ちょっとした距離でも、車に乗る。すぐそばにゴミ箱があるのにゴミやタバコの吸いガラをその場に捨てる。そんなとき、中国大陸打通といって四十キロの荷物を背負って千キロメートル以上の山河を無駄に行軍させられた兵士のことを考える（バターン死の行進、どころの話ではない）。

ちょっとした擦り傷や切り傷で大騒ぎをするとき、精神注入棒でほとんど毎晩尻をぶったたかれた兵士のことを思い出す。風邪かな、と思ったらすぐ病院に行って注射を打ってもらう人間がいると聞くとき、マラリアにかかって死んでいった兵士のことを思い出す。後期高齢者医療制度で「老人は死ねということか」という情けない声を聞くとき、十七、八歳で特攻死した少年兵たちのことを思い出す。わたしもやがてその後期高齢者の一員になるのに（なれるのか？）、そうだ、死ねということだよ、といいたくなる。孫には何万円も使って平気なくせに、一割の医療費負担がそんなに嫌なのか（むろん、生活に困難な人はべつ）。

「謝ってよ！」「やだよ、オレ悪くねえもん」「悪いじゃん。わたしがこんなに不愉快になってんだから！」と、ヒップホップ系のひげ男と、腰にタトゥー女のケチくさいプライドをめぐる口論を見るともなく見るとき、「セミ」や「うぐいすの谷渡り」や「自転車」や「女郎屋」（いずれも軍隊での陰険きわまる仕打ち）を他の兵隊たちの面前でやらされて、屈辱のあまり泣きだした兵士のことを思い出す。食事をして、まずいなと思うとき、蛙や蛇をうまいといって食べた兵士を思い出す。

そう。まったくの筋違いである。全然、関係がないのである。いま生きているわたしたちと、あの戦争を戦った兵士たちが関係あるわけはない。そんな関係もないことの「最低の線」を持ちだして、他人の言動をとがめることは筋違いも甚《はなは》だしいのである。わたしだって、なにからなにまでその「最低の線」で生きているわけでもないくせに、である。

もともと兵士たちが置かれた環境が、あってはならない状態だったのであり、とがめられるべきはそっちのほうでなければならない。現在のほうがふつうで、あちらのほうが完全に間違っていた。誤りでもって正しさをただすのは倒錯である。だが、人間界ではこのようなことはありうることではないか。意味や正しさはいとも簡単に叩きかえされる。兵士たちは自分が置かれた状況を恨み、呪い、苦悶《くもん》し、絶望し、あきらめ、それでも自他を鼓舞《こぶ》して死んでいったはずである。

むろん、どういうことも可能だが、かれらが置かれた環境は事実だったし、戦い、死に、生き延びたことはまぎれもない事実だった。わたしたちは老後の不安というが、死者たちにはその「老後」さえなかったのである。いや「青春」も「中年」もなかった。わたしはこのことを忘れまいと思う。

その「最低の線」を忘れずに、わたしが調子に乗って生意気なことを考えたりいったりするとき、それを思い出したい。このことで人をとがめまい。自分をとがめたい。

これはわたしがひとりで決めているわたしの勝手である。

わたしは食べ放題、飲み放題、詰め込み放題に群がる人間が、はっきりいって嫌いである（とがめてるではないか！）。なにいってやがる、おまえは何様だ、と思われてもかまわない。嫌いなものは断固嫌いである。「放題」が嫌である。ときどき、夜食を食べる。お気に入りの夜食がある。残り物の味噌汁に冷や飯をいれる。溶き玉子を入れ、刻んだネギをいれる。それだけである。見た目ベチャベチャの雑炊。が、わたしはこれをとんでもない贅沢だと思う。戦時中、戦地で飢餓に苦しんだ兵隊にして見れば、これはものすごい御馳走ではないか。

なにからなにまで、というわけではないが、わたしはこのような発想をするようになったのである。なんの因果か知らないが、もうこれでいいのだ。余命一年と想定するというのも、いい加減で甘い考えではあるが、わたしなりの死へのシミュレーションのつもりである（つまらないことだが、三日間絶食をしてみた。結果、食は生活の句読点であり、それが失われると一日はのっぺらぼうの時間になる。それが失われると生活における楽しさの大半が失われる、ということに気づいた）。

死にたいわけではない

山本夏彦は「死ぬの大好き」といっている。いや、いっていた。ただのレトリックとは思えない。本心だったにちがいない。その前段の文章がおもしろい。

この世は生きるに値しないところだと私は子供心に天啓に打たれたから以後人間の見物人になったのである。傍観するものはつまびらかなりという箴言《しんげん》があるが、見れば見るほど人間というものはいやなものだなあ。
さっさと死ぬよりほかないと思ったが、うまく死ねるものではない。死神にも見はなされと戯《たわむ》れに私は言って爾後《じご》「ダメの人」と称している。
（山本夏彦『死ぬの大好き』新潮社）

ちなみに「人間というものはいやなものだなあ」というのは、他人を見て思ったのではなく、「自分の内心を見て子供のときから思った」ことだ、といっている。いってはいるが、山本夏彦は一筋縄ではいかない。

あるインタビューに答えて、山本夏彦はこのようにいったという。

「死ぬの大好き」と私はまっさきに言った。現在只今この場に於《お》いて死ねるものなら死にたい、昔は一つ二つ三つと指折り数えて十《とお》まで、私でなければ言えないことがあると思ったこともあるが、今は二つしかない。これを言わずに死なれよかと思ったが人はみな恨みをのんで死ぬのである。自分だけ恨みを晴した上でなんてわがままである。そう思ったのが早や二十年前である。だから死ぬの大好き、このごろプールに行って足腰をきたえているが、これも死ぬためだ。

迷惑をかけられない時代だからな。みんな人のため、毎朝ヒゲを剃って服を改めて出勤するのも人のため、自分のためなら十日でもひと月でもヒゲなんか剃らない。

死を恐れぬなんてウソだと人はみな信じないだろう。断っておくが死に瀕して意識が混濁して「助けてくれ」なんて言ったとしても、それは私の責任ではない。幸いまだ意識は明瞭である。私は飯を食うのも死ぬまでのヒマつぶしだと思っている。こんなものを書くのも死ぬまでの――いや失礼、以下略。（同書）

食わず嫌いということはあるが、好き嫌いはふつう、体験をしてみて好きか嫌いかが判明するものである。たまに形状や質感や臭いだけで最初から避けたりすることもないではないが（わたしは煮こごりが嫌いだ）、死んだこともないのに、「死ぬの大好き」もあるまいと思う。しかし山本夏彦は、モンテーニュのように、たしかに死を恐れてはいなかったにちがいない。ただし覚悟といったものではなかったであろう。こころの底に巣食った根本的な厭世感ではなかったか、という気がする。

わたしは「死ぬの大好き」ではない。どちらかといえば、嫌いである。が、なにがなんでも長生きしたい、絶対に死にたくはないとは思わない。死ほど、これだけ嫌がられながら、これだけあっけないものもまたとない。べつに死にたいと思っているわけではない。しかし、これもまた思い煩うことはやめにしよう。一応の心構えだけはしておいて、考えることはやめよう。

こんな心構えなど大して役に立たないだろうが、いきなり不意をつかれるよりは幾分かましかもしれない。あとはもう出たとこ勝負である。大丈夫。こっちがどんなに嫌でも、死が間違いなくあっち側に連れていってくれるはずである。いや、大丈夫じゃないかもしれないが、もうどうでもいい。いままで死ぬことに失敗した人は全人類史でただのひとりもいないのだから。おまかせしよう。

「さよなら！」がいえなかった

余計な情報が多すぎる。文句をいってもしかたないから、そんなものは自分で聞き流し、蹴散らすことである。それにマスコミはなんでもかんでも「問題化」させる。勝手に「問題」をつくっておきながら、さあ大変だ、と自分で騒ぐのである。

大原麗子が死ねば「孤独死」。山城新伍が死ねばまた「孤独死」。バカじゃないのかと思うが、これからも新聞は「孤独死」と書き、テレビもまた「孤独死」と報じ続けるにちがいない。だからなんなのだ。なんと哀れな死だといいたいのだろうか。人はその言葉を見て、「孤独死は嫌だな」と思うのであろうか。

この言葉が使われなくなることはないだろう。マスコミは人の耳目を惹きつける「見出し」を必要とするからである（『毎日新聞』の「余録」で、ひっそりとひとりで死んでいく人にたいして「孤独死」の「レッテルを張るのはどうだろう」といっている。そういう声も聞かれるようになってはきた）。ついでにいうと、そのときまで山城新伍のことなどまったく思いだしもしなかったのに、死んだとなると、テレビのアナウンサーなどが、ほんと残念ですね、ごゆっくりお休みください、だの、ご冥福をお祈りします、だのというが、もちろん、かれらが、残念などとほんとに思っているわけではない。
が、口先だけの偽善の言葉はやめろ、一秒後にはもう忘れてるくせに、などといってもはじまらない。われわれの文化は、そういうときには、そういうふうにいうものだ、ということになっているからである。たしかに、これほどウソくさい言葉はない。しかし口先だけであれ、それが死者への追悼の形式的作法なのである。それに、われわれだって、おなじことをやっているのである。葬儀に参列するとき、義理の上でのそれは、たとえ神妙な顔をしても所詮他人事で、それもまたウソだからである。それをウソといってもはじまらない。

憂鬱なことや心が沈む状況は、朝起きたときから一日中、一月中、ことによっては一年経っても晴れない、ということはありうる。悲嘆や怒りは強烈だからだ。だが、いくら幸せを自認する人でも、朝起きたときからもう幸せで楽しいなんてことはないはずである。一週間、一月、一年も二年もずっと楽しく幸せなんてことはありえない。それが人間の感情のあり方であり、心のあり方なのである。

にもかかわらず世間のこのような言葉はなくならない。「幸せになりたい」だの「楽しく生きたい」だのといった言葉である。むろんそのように願うことはしかたのないことである。使うなといっても効果なしである。しかし、そんな観念にとらわれて、今の自分の生活をマイナスの目で見ることになるのなら、本末転倒である。であるからには、孤独死？　だからなんだ、と自分で思うしかないのである。セカンドライフ？　充実した老後の生活？　わたしたちはそんな無内容で無責任な言葉に鼻づらを引き回されることはないのである。

「畳の上で死にたい」とか「親の死に目に会う」とか「死に際を看取る」「死に水をとる」など、死にまつわる表現は多い。厳密にいうと、わたしは両親の「死に目」には会っていない。母親が死んだときは、病院のなかにいながら、父親に危篤の電話連絡をかけているほんの一、二分のあいだに、母は息を引き取った。父親のときは、兄弟から父危篤の電話連絡を受けて病院に急行したが、すでに父親は死んだあとだった。そのことに悔恨がなかったわけではない。が、しかたのないことだと思った。父も母も最後は意識がなかったからである。

悔恨というならこっちのほうだった。母と父が火葬炉に入るとき、ふたりに「ありがとう」も「さよなら」も言葉にしていえなかったことである（口に出していうことは、死者に聞いてもらいたい、死者にこそ伝えたいという、やむにやまれぬ想い、という気がする）。周りにいる人に、芝居がかっている、と思われるのではないか、というつまらぬ懸念があったのだ。そんなことを意識してはもうだめである。この期におよんでも他人にどう思われるかを意識し、訣別の言葉を口にする行為が恥ずかしかったのだ。「ありがとう」も「さよなら」も胸の中でいっただけだった。

というのも、こういうことがあった。父親は男四人兄弟の三男だった。両親はとうの昔になくなっていた。次男は戦時中二十代で死に、後年、長男が六十代で死んだ。父の肉親は四男の弟(わたしにとっては叔父)だけになった。小学校から父はその弟の面倒を見、のちには学費を稼いで中学校まで進学させた。その弟が五十代のときだったか、ガンになった。父は弟を入院させ、丸山ワクチンを買って投与させた。

その弟が死んだ。看取ったのは父ひとりだった。盛大な葬儀などあるはずもなかった。父はわたしたち子ども四人を呼び、市営施設の畳二畳ほどの狭い部屋で通夜をした(あれはどういう建物だったのだろう)。翌日、火葬場で焼いた。炉にいれるとき、父は不意に、家族でたったひとり残った弟の棺に向かって、「さよなら!」といったのだった。父の顔を見ると、涙ぐんでいた。はじめて見る父の涙だった。父に散々迷惑をかけた叔父の死だった。

わたしは、父母の棺にその「さよなら!」がいえなかったのである。だらしのない息子だ。母の死のときには、その床の周囲には医者や看護師がいて、父とわたしたち子どもたちがいた。父が死んだときも、わたしの兄や弟がいた。看取ったということになるのだろうか。父と母はけっして孤独死ではなかったということか。死者にとってはどうでもいいことのように思われる。いったいこの世に孤独死ではない死があるのだろうか。死は、残されたものにとっては悲しいことだが、死者はけっして哀れではないのではないか。

ピンピンコロリはいいのである

山本夏彦も「さっさと死ぬよりほかないと思ったが、うまく死ねるものではない」といっている。いってもしかたのないことだけど、それが問題なのだ。自分が思うようにうまく死ねたら、どんなにいいことか。死はつねにのぞまないときに、のぞまないかたちでやってくるようなのだ。

ピンピンコロリ運動というものがあるらしい。ピンピンコロリとは「適当なところまで元気に生きて、長わずらいをせずに死ぬということになる。つまり、ピン・ピン・コロリ（ＰＰＫ）なのである」ということである（水野肇・青山英康編著『ＰＰ

K（ピンピンコロリ）のすすめ』紀伊國屋書店）。副題には、「元気に生き抜き、病まずに死ぬ」とある。こんな本があるとは知らなかった。そんなヘンな運動があることも知らなかった。

それは長野県から始まり、全国的に拡大していったようである（現状は知らない）。九〇年代半ば、長野県の男性の平均寿命は日本一、女性は四位、なのに一人あたりの老人医療費は日本一低く、平均在院日数も日本で二番目に短い。在宅介護率も高い。これだけ平均寿命が長いのに、百歳老人の数は多くない。日本では真ん中あたりの二二位である。

つまり長野県民は、平均寿命では日本でトップクラス、しかも元気。なのにそれ以上の余計な長寿はせずに、死ぬときはコロッと死ぬというのですね。このことから、膨張する高齢者医療費を抑制するためにも、老人は健康増進に努め、元気で長生きして（元気、というのがミソ）、医療費もそれほどかけずに、死ぬときには家族にも国にも迷惑をかけずにコロッと死のうではないか、という運動がはじまった、ということのようである。

昔、アメリカにPPM（ピーター・ポール・アンド・マリー）というフォークグループがあって、「花はどこへ行った」とか「パフ」なんか歌って人気があったが、思わずそれを思い出してしまった。ＰＰＫと略すのがいかにも間抜けである。ピン・ピン・コロリという言葉も情けない。

しかしそれにさえ目をつむれば、わたしもまた元気で生きて、死ぬときは急死、というのが理想である。多くの人がそう思っているのではないだろうか。だが、わたしは元気で長生きする自信もなく、ましてや急死なんて、そうそうおあつらえ向きの死がやってくるとは思えない。おまえはさっさと急死しろよ、と思う人間は何人かいるけどね。まあ、かれらも死にゃあしない。

ふだんはピンピンしていて、死ぬときはコロリと死にたい（なんだかゴキブリホイホイみたいだ）、と思うのは人情である。どうせ死ぬのなら、だれもがあっさりとぽっくり死にたいと思っているはずである。長患いで苦しむのは嫌だし、周囲にも迷惑はかけたくない。心身的にも、金銭的にもそうである。恢復が望めるならまだしも、先の見えない入退院の繰り返しは苦痛だし、長期入院もできればご免こうむりたい。老老介護など、共倒れである。だからポックリ死にたい。

ここまではいいのである。それを運動にするというのがわからない。死は個人の問題ではないか。案の定（？）、上野千鶴子がこの運動に食いついた（しつこく上野で申し訳ない）。

死の前日までピンピン元気でいて、ある日コロリと逝くのが、老いと死の理想だとか。長野発のこのPPK運動は全国にひろがり、老人会でPPK体操を全員でやるところもあるという。聞いて背筋が寒くなった。ファシズムじゃ……。

（『おひとりさまの老後』）

「聞いて背筋が寒くなった」というのはウソである。こんなことくらいで背筋は寒くならない。で、上野はその運動に、障害児を生まないように、元気な子どもを生もう、というある婦人会の思想とおなじ臭いを嗅ぎつけて、イチャモンをつけている。「少しでも社会のお荷物になりそうなもの、規格はずれの異物を排除しようというこの『人間の品質管理』の思想が、ファシズムでなくてなんだっ、と感じたのだ。それ以来、わたしはことあるごとにPPK撲滅をうったえているのだが、いっこうにPPK主義者はなくなりそうもない」（同書）

あたりまえである。上野は自分が訴えれば、社会はいうことを聞くとでも思っているのか。PPK運動があほらしいものであることはそのとおりだが、それを「ファシズム」というのは学者のいやらしさがでていかにも大げさである（まあわたしも「家族ファシズム」なんてつまらんことをいったことはあるが)。

といっても、死ぬに死ねない

上野千鶴子は正しいこと(というより、あたりまえのこと)もいっている。「現実をみると、どんなにPPKを願っていてもそうは問屋が卸さない、人間の生き死にに『予定どおり』はない」「病気になっても寝たきりになっても、その状態で生きつづけていられることこそ文明の恩恵。その恩恵を享受しているのが、長寿社会の高齢者だ。たとえ要介護度5になっても生きていられる社会に生まれたことを、なぜ喜ぶ代わりに、呪わなければならないのだろう?」(同書)

ピンピンと生きてコロリと死にたい、と思うのはいいのである。それを運動にしようとするのがバカである。そうおあつらえむきに「コロリ」と死ねるもんか、というのはそのとおりである。だから困るのである。ただ上野は、病気のまま、寝たきりのまま生きられる恩恵を高齢者が「享受」するというが、ほとんど植物状態手前の要介護度5の人がそんな状態を受け入れ「喜」んでいるということはあるまい(さて、これでやっと上野先生ともおさらばかと思ったら、また調子に乗って（？）『男おひとりさま道』なる本を出した。見逃してやろう）。

わたしはときどきヘンなことを考える。一錠を飲むだけでなんの苦もなく、眠るように楽に死ねる錠剤があるなら、老後の不安のほとんどは消失するのではないか、と。だったら金がなくても平気である。孤独もへっちゃら。寝たきりになっても平気。あてのない放浪の旅にでても大丈夫だ。もう鬼に金棒、勇気リンリンで怖いものなどなにもない。ただし、あくまでも楽に眠るように、が条件である。自決用の手榴弾は嫌である。

むろん、こんなことは非現実的な妄想である。自決用ではなく、他殺用にも使用される恐れがあるから、こんなものが開発され、発売されることは絶対にありえない。老後のほんとうの不安というのは、最終的には、どんなに絶望的な病気になっても、生活をする金が底をついても、生きる意欲がまったくなくなっても、もう死んでもいいやと思っても、それでも生きなければならないし、生かされてしまうという不安があるからだ、と思われる。

百歳になっても健康で元気な人はいい。その年まで生活に憂いのない人はいい。だが、健康でいきづまり、生活にいきづまる人もいる。わたしも当然その可能性があるひとりで、もう尾羽《おは》うち枯らしてしまって、八方ふさがりで、にっちもさっちもいかなくて、生きていることじたいにも意味がまったくなくなって、もう死んでもいいな、と思うときに、そんな錠剤があれば、助かるではないか、と思うのである。なんとかならないかなあ、老人のこの最強最終兵器。

これだけ「権利」がなんにでも貼り付けられる時代なのに、「死ぬ権利」だけは決して公認されることがない。たしかにいかにも危険思想（？）ではあろう。キリスト教国は猛反対であろう。ただ、わたしひとりだけのためにそんなものがあったらなあ、と夢想するだけなのだが、まあこんなことをいうと、おまえは勝手に死ねばいいだろ、身投げでもすればいいじゃないか、といわれて一巻の終わりであろう。うーむ。水死は苦しい。どうするかね。やはり召命を待って、おまかせしかないか。

第七章　貧乏でもほんわか生きたい

金がない！　どうにもならない！

いやいや、そんなつもりはないのに、話が暗くなってきました。

本書では金持ちの退職者や年寄りをまったく想定していない。金に関する限りなんの不安もないという人たちは、何を買おうと、どこに行こうと、どんな贅沢をしようと、どうぞご自由に、である。それだけではなく、家族も円満、子どもたちも安定して問題なし、自分の健康にも不安はない、孫もみんな可愛い、という人もいようかと思う。さぞかし夫婦で「おれたち幸せだな」「そうね」なんて会話が交わされていることだろう。知らないけど。そういう人たちもご自由に。

むろん、できることならそうありたいものである。唇を噛みしめるほどかれらがうらやましいというわけではないのだが、不安が少ないという意味でなら、やはりそうありがたいものだ。とくに、金に関しては汲々としたくないものである。老後資金の心配がまったくないほど、有り余る金を持ってみたいものである。金なんかいらないなんて心にもないことはいわない。

さて、われわれビンボー人はどうしますか。「貧乏」と漢字で書くとリアルだから、「ビンボー」と軽く書いてみたが、なんの気休めにもなっていないな。中小零細企業出身の多くの退職者は、貧乏というほどひどい貧乏ではないが、余裕はなく、そここ貧乏であるという意味ではビンボーであろう。とりあえず食べるには困らないが、何年か先になるとそれさえどうなるかわからない、という意味のビンボーである。赤貧はどうにも困るが、中途半端なビンボーもあまり楽ではない。

生活保護受給者のほぼ半分が高齢者世帯、と知って、え？　と驚いた。振り込め詐欺で、多いときには全国で一年に七百億円もの被害に遭い、その被害のほとんどが高齢者だったから、あるところにはあるもんだと思っていたのだ。孫のためにはバカスカ金を使い、自分たちも海外行楽へ行く。日本で一番裕福なのは高齢者だと思っていたから、その少なからぬ人たちが生活保護世帯とは驚きである。もちろん、裕福でない高齢者は多数いるだろうが、それ以外の人は後期高齢者医療制度に文句をいう筋合いもなかろう、と思っていたのである。

高齢者で生活保護という場合、わたしにはなにもいう資格がない。いうべき言葉がない。

そんなシビアな状況に本書みたいな、ある意味のんきな本が、対処できるわけがないのである。

金がないときどうしたらいいのか、といったところで、どうにもならない。ゆえに「どうすればいいのか?」に対する答えは明確である。申し訳ないが「わからない」であり「どうにもできない」である。「俺は行くよ。すまんがしてやれることは何もない」(古処誠二『線』角川書店)。もう生活保護に頼るしかない。

「財源問題」は政府だけではなく、こっちのビンボーの方こそ深刻である。国債ならぬ個人債でも発行したいくらいである。

収入が年金や生活保護費しかないのなら、支出を極力抑えるという古典的かつ普遍的方法しかない。わたしなんかにいわれるまでもなく、そのようにされていることだろう。「クイズミリオネア」(時々、特番でやる)を見ると、愚問に答えるだけで、わずか十分ほどのあいだに百万円の賞金である。「まあ、ふざけてるよな」と思ったところで、しかたないことである。

老後にかぎったことではない。生きているかぎり、どの段階においても金は一番の懸案である。今の時代だけではない。人類が貨幣を作りだしてから、どの時代の人間も、どの国の人間も金で苦しんできたのである。わたしはどちらかというと物欲が少ない方だと思う。あれが欲しい、あれが食べたい、とあまり思わないのである。けれどそれでも衣食住遊、なにをするにも金がかかるのである。

この世は金がなければ、極端なことをいえば、一日だって暮らせはしない仕組みになっているのである。しかし定年退職後は基本的には無収入で、というより安いアルバイト程度の年金（六十五からは介護保険料が引かれる）と微々たる貯蓄だけで、何年から何十年か生きていかなければならないのである。わりと無理である。ゆえに、それにつけても金の欲しさよ、と思ったとしても無理はなかろう。

いつ死ぬ、とわかっていればむしろ話は早いのである（それも嫌だが）。好むと好まざると、毎月どの程度で暮らせばいいかが決まってくるからである。ただし決まるといっても、もう手持ちの額が決まっているのだから、この先二十年と想定して月々の支出額を算出しても、これがうれしくもなんともない。その計算どおりに生活できるわけでもない。この先何歳まで生きることになるか、それがわからないから、困るわけである。といって、自分で期限を区切って死ぬわけにもいかない。丁度金が底をついたときに、うまくぽっくりなんてことはまずないのである。

老後は四千万円必要といわれるが

老後の安定した生活にはいったいいくら必要なのか。ある雑誌では夫婦二人で四千万円とあった。六千八百万円という額をなにかで見かけたこともある。いずれもあやふやだが、あやふやで十分であろう。詳しく知ったところで、大して意味はない。どうあがいてみても元々そんな大金はないのだから。

では、現在、定年問題の真っ只中にいる団塊の世代の資産状態（資産という言葉が大げさだが）はどうなっているのか。簡単な統計を見てみる。「週刊文春」（二〇〇九年六月二十五日号）に掲載された、団塊の世代一五〇〇人にアンケート調査した記事である。団塊の世代とは一九四七年から四九年に生まれた八〇〇万人のこと。四七、八年生まれはもうすでに退職し（しかし、ほとんどは再雇用か?）、四九年生まれは今年（二〇一〇年）一斉に退職する。再雇用でなおも働く人は少なくないだろうが、基本的に団塊の世代は今年をもって総退職することになる。

では統計を見ていただこう。面倒くさい人は、数字が終わったあとの「ようするに、老後に四千万円」の行まで飛んでください。こんな統計、見ても見なくても大差ありませんから。一喜一憂してもしかたがない。

最初に「現在の収入」はどうか。「なし」が八九人（五・九％）、「一円以上三百万円未満」は六二一人（四一・四％）、「三百万円以上五百万円未満」は三三〇人（二二・〇％）、「五百万円以上一千万円未満」は三四五人（二三％）、そして「一千万円以上」は一一五人（七・七％）である。五百万円未満の合計は全体の六九％だが、大雑把な区分けである。三百万と五百万とでは相当に違う。

さて「現在の貯金」である。「なし」は一五四人（一〇・三％）、「一円以上百万円未満」は二〇七人（一三・八％）、「百万円以上五百万円未満」は三〇六人（二〇・四％）、「五百万円以上一千万円未満」は二三三人（一五・五％）、「一千万円以上二千万円未満」は二〇七人（一三・八％）、「二千万円以上五千万円未満」は二九三人（一九・五％）、そして「五千万円以上」は一〇一人（六・七％）となっている。

一円の貯金もない人が一〇％もいる。これは退職金が入っているのかいないのか、わからない。これもふくめて百万円以下が二四％。じつに四人に一人が百万円以下の貯金しかない。ホントかね。五百万円以下の総計は四四・五％でほぼ半数に近い。一千万円以下の総計は六〇％である。二千万円以下にすると七四％となる。

ついでに見ておくと、現在も仕事をしている人は一〇一八人（六七・九％）、「いまは辞めている」が四三四人（二八・九%）、「ずっとしていない」が四八人（三・二%）である。また結婚している人は一二七二人（八四・八%）、離別・死別が一一七人（七・八%）、結婚歴なしが一一一人（七・四%）である。

ようするに、老後に四千万円必要といわれても、いまさらどうすることもできないのである。ゆえにこの情報は、年金と貯金の取り崩しで細々と生きる退職者にとってはなんの意味もない。これが典型的な余計な情報である。知ったからといって、なんの役にも立たないのだ。なにしろ、ほとんどの退職者がそんな金はないのだから（わずか十数%の人間しか持っていない）。ようするに、四千万円必要もへちまもあるもんか、ということである。知らなきゃよかった、ということだってあるのだ。

「おお、おれはこのへんか」とか、「あらま、こっちに入っちゃうのかよ」。でも仲間もけっこういるなあ」と、安心しようが不安になろうが、たとえ一時的な気休めにはなっても、そんなことにも意味はない。自分はどのへんにいるのかということを知りたいという気持ちはたしかにだれにでもあるだろうが、知ったからといって、自分の置かれている状況が変わるわけではないのだ。おなじ層の仲間がいても、見たこともなく、どこに住んでいるのかも知らない赤の他人である。

それに、たとえば貯金一千万円以下の層といっても、そのなかもまたいろいろである。また、五千万円以上が六・七%いるが、これらの人がそのまま幸せかといえば、必ずしもそうはいえない（と、やっかみで、無理やりかれらを不幸にすることもないのだが）。たとえ一億円持っていようと、そのなかもさまざまである。ところが、金も健康も生きがいも全部不安なしという人がやはりいるものである。じつに、幸運といえば幸運な連中である。いいなあ、である。

団塊の世代は泣き言をいうんじゃない

で、わたしはといえば「ケッ」である。バカいってんじゃない、と思うばかりである。いったいなんのための、だれのための情報だよ、と。こんな情報はさっさと忘れるにかぎる。ここでも「丸々二十年先取り無意味の原則」は有効である（いま命名した）。今日一日を生きるには千円から二千円あればよく、今月を生きるには二十万円前後あればなんとかなるのだ（なりません！　という声もあるが）。あるいはここ一、二年、ないしはせいぜい三年。それ以上のことはとりあえず不要である。二十年はいっぺんに来るのではない。一日一日来るのである。四千万円はいっぺんにでていくのではない。一日一日でていくのだ。

そもそも統計は、あらゆる物事を「社会問題」として考える人間にとっては必要かもしれないが、「自分問題」だけを生きている人間にとっては、なんの参考にもならないものである（当然、こんな文春の統計など使う学者はいないが。ただし、統計の有用性じたいを否定しているのではない）。自分ひとりだけの問題が切実な人間にとって、高齢化社会「問題」なんかほんとはどうでもいいのだ。自分が定年になり、高齢になり、生活をしていく、その「自分問題」だけが問題なだけである。

社会や国家「問題」を考える専門家においても、このことはまったく例外ではない。「社会問題」を論じながら、かれらもまた否応なく「自分問題」は抱えているのであり、というより優先度はやはりそっちのほうが高く、しっかりと自分の将来の余裕だけは別途に確保しようとしているのである。なんだ、ちゃっかりとそんな豪勢なレベルにまで確保しちゃってるのか、という人だっているのだ。もちろん、それが悪いというのではない。かれらも社会で生きている以上、当然のことである。

しかしですね、いまさら団塊の世代が身の不幸を嘆くことは許されないですな。まあそれなりにがんばって働いてはきた。しかし終身雇用の恩恵を最後に受けた世代であり、そうでありながら、口ではえらそうなことばかりいい、態度は尊大で、そのくせあっさりと集団転向したのであって、ようするにけっこう無責任な世代だったのである。まあ、みんな自業自得であるといっていい。後続世代はもっときついのである。それなのに、「定年になったらきっぱり辞めてやるよ」と見栄を切っていたくせに、いざとなったら、役職にしがみついてはいないか？

三菱銀行員だった池井戸潤は『オレたち花のバブル組』という小説のなかで、若手の銀行員にこのような恨み節を吐かせている。

いったいなぜ、銀行はこんなふうにダメになってしまったのか。

「バブル時代、見境のないイケイケドンドンの経営戦略で銀行を迷走させた奴ら——いわゆる〝団塊の世代〟の奴らにそもそも原因がある。学生時代は、全共闘だ革命だとほざきながら、結局資本主義に屈して会社に入った途端、考えることはやめちまった腰抜けどもよ。奴らのアホな戦略のせいで銀行は不況の長いトンネルにすっぽりと入っちまったっていうのに、ろくに責任もとらないどころか、ぬけぬけと巨額の退職金なんかもらってやがる。オレたちはポストも出世も奪われていまだに汲々としたまだっていうのにな」（池井戸潤『オレたち花のバブル組』文春文庫）

池井戸潤は一九六三年生まれだから、今年四十七歳くらいか。団塊の世代に対してはよほど恨み骨髄であるらしい（池井戸だけではない。〝団塊〟憎し、は他にも大勢いる)。「ぬけぬけと巨額の退職金なんか」もらった連中は、年収二千万円以上、資産は優に五千万円以上の連中であろう。ほんとうをいえば〝団塊の世代〟という言葉で全員を一括りにするには無理があるのだが、中小零細の団塊組も、だからといって泣き言をいう立場にはないのである。

明日の悩みは明日悩めばいい

金が厄介なのは、とくに金儲けに才覚がなかったり興味がなかったりする者にとっては、自分の努力次第でどうにもならないことである。だいたい努力をしない。しても、下手くそばかり。健康不安なら、自分の努力次第でなんとかなる。毎日質素な日本の伝統食を腹八分目ほど食べ、適度な運動をすればいい(わたしはやっていないが)。本や新聞を読み、できるだけ人と会話をし、数独やパズルや脳トレなどをして、ボケ防止に努めることもできる。手先を使う趣味をしてもいい。それでもなお、病気になったりボケたりするのなら、それはもうしかたがない。

生きがいややりがいも、努力次第である。金のあまりかからない趣味を持てばいい。

俳句や短歌、囲碁将棋。勉強をしてもいいし、ＮＰＯでもいいし、自分史や小説を書いてもいい。六十歳を過ぎてデビューした作家だっていないわけではないし、べつにデビューしなくてもいい（そちらのほうがほとんどだけど）。シニアの海外協力隊だってある。ひとりで寂しいというのだって、もしその気があるなら、親睦会や同好会に参加すればいい。趣味仲間をつくればいい。つまり自分次第である。

だが、金だけはそうはいかないではないか。努力次第でどうこうなるものではない。自分の力で産みだすことができない。だってもう六十のおっさんなのだ。だから一番不安なのである。二十五年前なら銀行金利が八パーセントもあったのに（あれは貸し出し金利だったか？）、と嘆いてもなんにもならないのである。定年後は貯蓄は減っていくばかりである。増えることはない。その数字が目に見える。病気が内部で進行していてもわからないが、金の減少だけははっきりと目に見えるのである。

金だって、努力次第やり方次第でなんとかなる、という人がいるだろう（それしかない、という人もいるだろう）。そうかもしれない。しかし、まだ若ければ違うだろうが（それでも努力しなかったが）、こと、ここ（中小零細企業での定年）に至ってはもう無理であろう。万事休すである。自営の人は別である。

そうか。ならばせめて小遣い程度が稼げる内職みたいなものはないものか。やはり金はいくらあっても邪魔にはならないからな、と、実際にやっている人がいるはずである。『週末起業』という副業を勧める本もあった（これは在職中の人向け。定年予備軍向けでもあるか）。森永卓郎は、これも定年退職者向けではないが、年収三百万円の人向けに、こういう小遣い稼ぎの方法を示している。

森永卓郎はけっこうおもしろい男だが、自分で年間三百万円で生活をしたことがないのに、そんな生活を他人に勧めているところが難点である。どうひっくり返っても説得力はないのである（上野千鶴子に比べると批判が手ぬるいか？）。

ただかれのいいところは、「朝まで生テレビ」や「TVタックル」などで出席者たちから、森永さんは金はたくさん持ってるくせにと嫌味をいわれると、「このメンバーのなかでは一番税金を払っているはずですよ」とシャーシャーといってしまうところである。正しいのか正しくないのかわからない自説を展開して、周囲から一斉につっこまれると、一瞬ほんとうに鳩が豆鉄砲を喰らったように、口をポカンとあけてアゴを上げ、キョトンとする顔が絶妙である。

そんなことはどうでもいい。森永への愛情を語ってもしかたがない。森永が勧めているのはこういう方法である。

①ネットオークションに出品する。これがどうしようもないのだ。昭和初期のグリコのおまけが一個十万円で売れ

た、希少なビックリマンシールが三枚十万円で売れたこともある、などと紹介されている。これだけで「毎月数十万円から百万円以上稼ぐプロの個人」がすでに「多数」現われている、というのだが、これ参考になりますか？　うん。まったくならんな。②懸賞応募。商品がなんであれ、とにかく数を撃つのである。「電波少年」の「なすび」か？　③インターネットアンケート。こまめにやれば一カ月で千円から二千円になるという。いらん。④アフィリエイト。自分のＨＰやブログに商品（本など）の広告をだし、それを読者がクリックして商品購入すれば、その会社（アマゾンなど）から報奨金が払われるというものである。「この方法は、一度仕掛けを作ってしまえば、あとは自動的にお金が転がり込んでくるし、広告料収入で数十万円稼いでいる人もいる」。まあ、そういう人はいるかもしれないが、それはもう本業だろう。「転がり込んで」もこないだろう。あとは、⑤インターネットショップ経営、⑥株式投資などの資産運用、などだが、紹介はもうよかろう（森永卓郎『新版　年収３００万円時代を生き抜く経済学』光文社知恵の森文庫）。

こういうことをする人はいるだろう。で、そんなこまめな人が結果的に有利なことは否めないのである。が、どうもねえ。結局、森永卓郎といえども副業の勧めということになると、こんな程度のつまらないことしかいえないということである。森永を責めているのではない。要するに、楽でめぼしい副業などそうそうあるわけがないのだ。毎月数十万円稼ぐ者もいる、と成功例を挙げられても、そんな調子よくいくはずがあるまい、とわかっているのである。が、リスクを伴う資産運用以外なら、やって損をすることではない。やりたい人はやってみればいいであろう。

森永卓郎はこの「300万円」本のあと、『大不況‼ 年収120万円時代を生きる』（あうん）という本も書いているが、もう読まない。いいかげんにしろよ。

金は（容易に）産むことができない。となると、手持ち資金の使用価値の高いところへ移住する人が出てくる。国内のIターンだけではなくて、フィリピン、タイ、ベトナムなど物価の安い海外へ移住する人がいるのだ。また思い切ったねえ。すこし高級なところでは、オーストラリアやスペインに行った人もいる。勇気のある人たちだなと思う。わたしはけっこうである。というか、資金的に無理である。もしふんだんにあったなら、フランスかイタリアの片田舎に行ってもいいが、ないからこういう想像は意味がないのである。夢ですらない。

金は産むことができない。減る一方である、だから困る、などといってもしかたないのである。そんな理由がわかっても、何の意味もないのである。こんなことといっても、「だから、どうすんのよ？」といわれて終わりであろう。自分でも「どうすっかなあ」と自問したりするのである。いってみるだけである。名案など、どこにもないのである。自給自足かなあ。退職者帰農制度かね。休耕田を復活して、定年退職者よ、農業をめざせか。もう半ばやけっぱちである。

結局、そんな先のことを考えて不安になってもしようがない。なんとかなるんじゃないの？　というところに落ち着くしかないか。まあ、なんともならないんだが、考えてもどうしようもないことは考えないことにするのだ。明日悩めばいいことを、今日悩んでもしようがないのである。今日悩んでも、今日という日を台無しにするだけで、なんの益もないのである。やはり節約ですね。これしかない。どっちみちないのなら、いっそパーッと使ってしまうか、という荒技もないわけではないが、やはりそうはいかない。

下手に突き詰めていくと、「そのときは、首でも括《くく》るか」まで行きついてしまうのである。すると、それをいっちゃあおしめえよ、とかいわれるのである。この社会では、ほんとうのことはいわない約束になっているからである。なんとかそこはぼかして、おざなりの希望なり夢なりの可能性を口にするのがルールであり、思いやりというものである、というように。だからといって、じゃあそれをいわなければおしまいじゃなくなるのか、といえば、いわなくても、おしまいはおしまいなのである。いわなくてもおしまいになるのなら、わざわざ口にだしていうこともないじゃないか、ということである。

それゆえに、みんな、こんな調子でやりすごしているのではないか。まあ、なんとかなるんじゃないの？　と。考えてもしょうがねえや、そのうちなんかいいことあんじゃないの？　と。だって、十年先、二十年先のことなど、どっちみちわからないんだからね、と。

「明日《あす》のことを思い煩《わづら》ふな、明日は明日みづから思ひ煩はん。一日の苦労は一日にて足れり」（『舊新約聖書文語訳』日本聖書協会）のマタイ福音書精神である。これでいくしかないのではないか。

金と品性

真保裕一の『栄光なき凱旋（上・中・下）』は、太平洋戦争下の在米日系人の苦悩を描いた読みごたえのある作品である。そのなかに、ユダヤ系の老アメリカ人が主人公のひとりである日系青年にこのようにいう場面がある。

「金は単にものを売り買いするための道具じゃない。そこには、それを使う者の理想や志が表れる。見てみなさい、世の中にはみっともない金の稼ぎ方と使い方しかできない者が増えているだろ。金とか理想っていうものは、粗末にしたら品性をまず疑われてしかるべきだ。手垢にまみれて薄汚れてしまうことだってある。お互い、気をつけようじゃないか」

（『栄光なき凱旋（上）』文春文庫）


そのとおりだと思う。これにつけくわえるべき言葉はない。わたしは物欲が少ない方だ、と書いた。育ちがビンボーだったということが影響しているかもしれない。世に売られている商品にほとんど興味がないのである。まったくない、ではない。子どもの頃、当時はみんなそうだったが、遊び道具はほとんど手作りだった。作っているときが楽しかったのだ。小遣いで独楽《こま》やメンコ（大分ではベッタンといった）などは買ったが、出来合いのおもちゃで遊ぶなんてことはあまりなかった。山や川でも遊んだから金はかからなかった。服は兄のお下がり。本は貸本屋。だいたい、物が今ほどなかった時代である。

中学、高校、大学に行くようになると、人並みに徐々に欲しい物がでてきた。レコードが一番だった。しかし、それ以外では、関心があまり物に向かわなかった。ビンボーの反動で、金に執着するようになったかというと、むしろ逆で、金がなんだ、と蔑《さげす》むようになったのである。それがいけなかった。どうやら金の神様から見放されてしまったようである。全然いらないといった覚えはないのだが、金の神様もしみったれたお人（?）である。金は天下の回りもの、という言葉があるが、わたしのところにはてんで回ってこないのであった。

振りこめ詐欺で大金を掠《かす》め取った連中の金の使い途は、決まって高級マンションと外車と時計とクラブだという。世間でほめそやす俗悪な金持ちのイメージをそっくりそのままなぞって、それで昔の同級生たちに自分たちの「成功ぶり」を見せつけるらしいのである。あたりまえのことだが、一人旅にでたり、プラモデルを作ったり、文学全集を買ったりする犯罪者はいない。犯罪の手口には才を見せながら、金の使い途となると、いかにも頭が悪いのである。

金を持っている老人は貯めこまずにもっと金を使え、といわれる。だが欲しいものなんかもうないのだ。いまさら人間的成長のために金を使う気もない（自分に「投資する」といういい方は嫌だね）。老後のために持っておきたいという気持ちもわかるではないか。ただし、そのままそっくり子どもに残したいというのはいささか見苦しい。大前研一が、死ぬときは資産ゼロの状態で死ぬのが理想だといっているが、見上げたものである。

結局、どういう人生の価値観を持つのか、ということに尽きるのではないかと思う。高齢者にとって金の問題が一番不安ということは、やみくもに金が欲しいということではおそらくない。現在の生活をできればそのまま最後まで維持したいという望みのために必要なのであって、金はあくまでもそのための手段にすぎない。そこの保障さえあれば、ほんとうは有り余る金など不要である。べつに贅沢をしたいわけではない。心が逼迫しない程度、できればそれよりも少しだけ余裕がある程度で十分なのである。伊丹十三ではないが、貧乏はしかたないけど、貧乏ったらしいのは嫌である。

お金の問題にかぎらず、なんにしても、状態は個々人によってさまざまである。少しだけ余裕のある程度の金、といっても、その「程度」は人それぞれであろう。どんなことに価値を見出すか、である。金もないのに、あれも欲しいこれも欲しいという人はもうアウトである。公園で日向ぼっこをするだけで、いいねえ、という人（わたし）はオーケーである。もとより金の使い方の品性を云々するほど金はないからいいのだけれど。

「金がなくてもほんわか生きる」って、ウソじゃないのか

ということで、ビンボーでもほんわか生きることができればそれでいいのである。しかし、そんな仙人みたいなことできるのか。考えがまとまる前に、ついにここまできてしまった。しかもここまでの展開がいささか絶望的であった。もう答えがでてしまったのではないか。「どうにもならない」と。どう考えても「ほんわか」などがでてくる雰囲気ではないのである。

「いや、できます、現にわたしがそれを実践しているのですから」と断言できれば、胸を張って、「ビンボーだっていいじゃないの、楽しくほんわか生きられます」といえるのだが、そんなことはないのである。いや、すこしはできてるのか。しかしその前に、はたしてわたしはいったいビンボーなのかどうか。

ここでわたしの貯金額を明かすわけにはいかないが（どっちみち大した額ではない）、小さくても自宅があって、三食に不自由しているわけではない。しかし定期収入はもはや月十万円少々の年金だけである（これだって、職探しに苦しんでいる若者から見れば、羨ましいことかもしれない。月額六万六千円の国民年金よりもいい。あ

れはひどい）。あとはたまに出す本の初版印税だけである。月々の小遣いはあるが、基本的には、安い昼食が食べられて、毎日タバコが喫えて、喫茶店でコーヒーが飲めて、たまに本を買ったり（文庫が多い。アマゾンの中古本も多い）、ＤＶＤを借りたりできる程度である。もちろん「ＰＡＳＭＯ」も含まれる。雑費もある。しかし酒は飲まない。衣類もほとんど買わない。病気はしない。

これはどう考えてもビンボーではないね。といってもちろん裕福であるはずがない。中の中か下くらいではなかろうか（しかしアフリカやアジアの難民キャンプで暮らしている人から見ると、夢のような生活だろう）。となると、ビンボーでもほんわか生きる、というのは修正しなくてはならない。質素で単調（余分な金がないから単調にならざるをえない。その単調が嫌ではないが）な暮らしで、それほど余裕もなく、将来にも経済的な保証がなくても、ほんわか生きることはできるのか、というようにである。外車を何台も持ち、毎晩銀座かどこかで飲み歩いているみのもんたなんかに「わたしたち庶民は……」なんてこと、ほざいてもらいたくはないね。

ギラギラ生きるではなくて、ほんわか生きるの「ほんわか」がポイントである。「ほんわか」とは安穏《あんのん》であり平安である。頭がゆるくなることではない。たとえていえば、秋空の下、自転車に乗って鼻歌を歌っている状態のことである。三食食べられて、本が読めて、コーヒーが飲めて、タバコが喫えれば、格別の不満はないよ、という状態のことだ。悩みがないわけではないが、おお、風が気持ちいいねえ、といえる状態、あまり人とは会いたくないが、気のいい人には気のいい挨拶をして、夜はボーッとテレビを見て、という状態である。もう人と議論など一切したくない。

しかしここで問題になるのは、おまえはやはり暗いだけの「リアル」では読者から見放されると思って、ほんとはどうでもいいと思ってるのに、無理して、金がなくてもほんわか生きられますよ、というウソをいおうとしてるんじゃないか、といわれるのではないかということである。じつをいうと、それはちょっとあるのである。やはり、「わからん」とか「どうにもならない」とか「なんとかなるんじゃないの」だけではだめだよなあ、という意識がある。

私事ばかりで恐縮だが、母を亡くした父は、いっとき、「これだけがおれの楽しみじゃ」と夕食のとき、自分で一合の酒を燗《かん》した。朝、味噌汁をつくり「うまいぞお、食べないか」といったが、出汁《だし》もとってなくて、まずいのであった。だが、いつかそんなこともしなくなり、六十歳を過ぎて妻を失った夫は九年以内に七三パーセントが死亡する、といわれるとおり、元々健康にはなんの問題もなかったはずなのに、ガンとボケと衰弱で五年後に死んだ（痛みがまったくなかったのが幸いだった）。

老年の父はけっして裕福ではなかったが、金に困っていたわけではなかった。八十歳まで保険代理店の仕事をした。軍人恩給と厚生年金で十分だった。金を使うことがなくなっていた。しかし、ほんわか生きるどころではなかった。母の死後、ほとんど生気を失った。母もまたほんわかどころではなかった。晩年の母は、たとえ笑うことがあっても、力のない、さびしそうな笑いをするのだった。

二人ともありふれた老後であり、ありふれた死である。二人ともほとんど無趣味だった。父は五十代になってから、社用でゴルフを覚え熱中した。それだけが唯一の趣味だったが、それも高齢になってからはやめた。将棋はわたしに打ち負かされるようになってからは、「やろう」といわなくなった。母は陶器を見たり買ったりするのが好きだった。もちろん安物である。わたしは自分は無趣味なくせに、母になにか趣味を持ったほうがいいよ、といい、それを気にしたのか、母はいろんなことに手を出した。日本人形作り、落語の親睦会、草花の水彩画。ほんのすこし小説の真似ごともした。いずれも長続きしなかった。

いろいろいってもわたしにとっての老後と死は、父と母の老後と死のことである。それがわたしにとっての「老後」と「死」のモデルである。ほんわか生きられたらいいな、というのは今のほんとうの気持ちだが、しかし老後の父母の姿を思い出せば、その裏側には、ほんわかもへちまもあるものか、という気分が貼りついていることもたしかである。

しかし、いうまでもないが、これは筋の違う話である。わたしたちは自分なりのしかたで自分の生を生きるほかはない。「金がなくてもほんわか生きる」というとき、その「金がなくても」が、どの程度ないのかにもよる。今日食べるものもない、なんてのは困るのである。そんなときには、ほんわかもへったくれもない。即、生活保護を申請するしかない。だが、この先、死ぬまでの二十年間の資金がないのよ、というのであれば、それもまた話が違う。考えすぎである。

あなたがほんわか生きていきたいと思っているかどうかは知らない。わたしはできるかぎり、ほんわか生きてみようと思う。できるかどうかはわからない。いずれ金銭的に逼迫しそうな予感がないわけではないが、そんなこと考えてもしかたない。それでもほんわか生きられるかどうか、それがこの先のテーマである。

一日一日の積み重ねが二十年である

この先、二十年も生きるのか、なんて思わない（余命一年と思って生きる、と書いたくらいだから）。ゆえに、その二十年分の資金をどうするかなど、考えることはない。考えたって、ないんだもん、とちょっと可愛くいってみた。だから考えない。だいたい二十年後のことまでだれが考えられますか？

とりあえず、ここ数年ならなんとかなるだろう、くらいで十分である。といって、元々余分な金がないんだから贅沢はできない。もちろん贅沢はする気がないから、なんの問題もない。みなさんもまた、そうではないだろうか。

いうまでもなく、欲望の合計額が現実の手持ちの額を上回るのはだめである。いい家に住んで、うまいものばかり食って、車も持って、年に何回も海外旅行に行って、などと自分の欲望を元に考えれば、手持ちの額で足りるわけがないのである。いい古されたことだが、足るを知らなければならない。世間に煽られて、不要で余計な欲望をかきたてられるなど人間の恥である。

どうでもいいことだが、わたしの遅い昼飯は、駅前の三百三十円のざるそばか（気に入っている）、他の店の六百八十円の和風ハンバーグか、六百七十円のかた焼きそば＋餃子か、コンビニの百五十円のおにぎり二個か、喫茶店の三百三十円のミックスサンドか、「てんや」の天ぷら定食六百五十円＋まいたけ・れんこんか、五百円のたこ焼きか、四百八十円のスパゲッティ（バジリコ・ペペロンチーノ）か、である（パスタとはいわない。昭和中期の男だから）。それでまったく満足である。ついでにいっておきたいが、「やっぱりみんなと食べるメシはうまいなあ。ひとりで食うメシはうまくなくて」という人がいる。いわんとすることはわかるが、ウソである。うまいものはひとりで食べてもうまい。

あとは本を読み、テレビを見るだけ。衣服はいらない（まったく買わないわけではない）。靴もネクタイもいらない。ｉＰｏｄもいらない。携帯電話もいらない。酒は飲まない。フォアグラだのフカヒレなんか食べたくもない。車もいらない。ほかになにかあるだろうか。あれは？　と挙げてもらえば、即座にいらない、といえそうである。私有物は老朽化したパソコンと一眼レフのデジタルカメラと旧式のカセット用ウォークマンと腕時計（ほとんどしない）と本だけである。これだけである。そうか、わたしは元々安上がりの男だったのだ。

万一、あと二十年（あるいはそれ以上）生きることになったら、それはそれでけっこうなことである。金がないながらも二十年、なんとか生きられたということなのだから。もし途中でほんとうのピンチになったら？　と考えても、これまたしかたがない。そのときはなんとかなるだろう、と思っておくしかない。なんとかならなくても、今はなんとかなっているならそれでいい、と思っておけばいい。そして、今日一日をつつがなく生きられたら、それがほんわかである。

自我を少しでも縮小したい。つまり「自分という立場」から少しずつ離れていきたい。余計なことはもう考えない。論を争わない。それで、できるだけ外の静かな空気を吸う。もしそのようにできたなら、それでいい。これからの二十年を一気に生きることなどだれにもできない。五年も十年も一日一日の積み重ねでしかないのである。

若者の刹那主義は戒《いまし》めるが、定年後から老後を生きる人間は、もう今日一日よければ、それでいいのである。下り道を行く者の特権である。大した特権でもないけどね。あとは野となれ山となれ、ではない。一日の積み重ねでどこまで行けるか、である。それ以後のことはどうでもいいのである。

ところで、わたしは「充実した老後」「元気な老後」「ステキな老後」など、どうだっていいといっておきながら、自分で「ほんわか生きる」などといっている。これは矛盾である。そう「ほんわか」などにも囚われることはないのである。自分で「ほんわか生きる」など、いうことじゃない。なんだよ、「ほんわか」って。一日一日のなかで、「おお、いいなあ」という時間がいくつか持てるなら、それでいい。

第八章　飄々と

「どう生きるのか」の完璧な答え

ここまで、できるだけ平均的・一般的な定年退職後の「リアル」な姿を描きだそうと努めてきたが、どうもいけない。というのも、結局、わたし自身の個人的な「リアル」な姿と考え方を書いただけにすぎず、そんなものがいったい他の人にどんな参考になるのだろう、という思いを消せないからである（参考になりません、と書いたが、それはそれ、やはり少しはお役に立ちたい）。

しかし少しだけ弁解をすると、わたしの「個人的なリアル」は、中小零細出身で、無趣味、友人少し、金も少ない、食事は簡素、という定年退職組の「平均的なリアル」に限りなく近いといっていいのではないか、と思わないでもない。いいかえると、定年退職者の「最低の線」である。

さて、ここでわたしは、「定年後、残りの人生をベストに過ごすにはどうしたらいいのだろう?」というような問いに対しては、たった一言でもって完璧無比に答えることができる。「あなたの好きなように生きてください」である。絶句しないでいただきたい。これ以上明確な答えはないはずである。

しかし、そんなものは答えになっていない、といわれるのだろう。それが間違いである。この答えに納得しないほうに問題があるとわたしは思う。わたしたちは疑問を発しすぎなのだ。「じゃあ、どうすればいい?」「それで日本はどうなるんだ?」「わたしはどうしたらいいのか?」「わたしはどうなるの?」「どう生きたらいいのだ?」。こういう問いかけがわずらわしくはないか。はては「わたしはもてないのだが、どうしたらいい?」と訊く者まで出現する始末である。ひとりで我慢して生きていくしかないではないか。「末期ガン? どうしよう?」。どうもこうもない。どんなに辛くても、その事実を見据えるしかない。

だが、それでは嫌だというのである。こんな自分だって楽しく生きる権利があるはずである、と。だからその方法を教えてくれ、というのである。自分に都合のいい答えを求めすぎなのだ。訊くほうがいばっているのである。なんでこのおれがガンなのだ、なぜこのおれが死ななければならないのか、理由を説明してくれ、というのだ。

問われた者は、答えなどなくて答えられないと、答えられない自分が悪いような気になるのである。

いまさらこんなことをいうのもなんだが、定年後はどう生きていけばいいのか、などという問いは、自分の内部だけでしか成立しない。他人に訊くべきことではない。で、でてくる答えはひとつである。「好きでなくても、今の生活しかないのなら、それで生きよう」である。「好きに生きよう」である。せっかく、長年の会社勤めから自由になったのだ。流行りの言葉でいえば、今こそ思い切り「自分らしく」、好きに生きればいいのである。だが、そのためには金がいる。その金がないのだが……というのなら、我慢するしかないのである。「わしはその好きなものがないんじゃが」なんか、わたしは知らない。わたしだってないのだ。

時々「あなたは老後をだれと生きるのか？」といったもっともらしい問いをする人がいるが、格好をつけただけの愚問にすぎない。もし相方（配偶者）がいるならば、ボケとツッコミのふたりで生きていけばいいのである。ひとりならひとりで生きていけばいいのである。それしかないのである。無理やり次から次へとつまらない問いをつくりだすことはないのだ。足りないのは、たったそれだけのことを納得しないこころである。

身も蓋もないとはこのことか。けれど、たとえば「金がない、どうしたらいいのか?」なんて問いに、いったいだれが答えられるだろう。問いが愚かである。「金がない」という、その「なさ」の度合いは自分しか知らないのである。なにかで稼ぎ出そうとするか、倹約するか、近親から借りるか、行政に頼るか、しかないではないか。このような問いは自問としてしか成立しないのだ。

テレビはクイズ番組が花盛りである。そのうち消滅するだろうが、なかにはクイズ番組でもないのに、さてここでクイズです、なんて愚劣なことをやっているのだ。すると、そんなもの別に考える必要も答える義務もないのに、条件反射というのか、それに答えようとする人間がでてくる。そしてトンチンカンな答えを無理にひねりだして外れると、なんだ、と訊いた者は不満顔なのだ。

なんでもかんでも質問である。あなたはどう思いますか? どうしたらいいでしょうか? クイズには答えがある。しかしそんな答えを知っても意味はない。知る必要のない答えである。ましてやことは人生である。人生はクイズではないのである。それなのにつべこべいうばかりである。毎日、腕立てと腹筋を五十回ずつやるほうがよっぽどましだ。ないのは、自分で考えて、これでいい、と自分で納得するこころである。このクイズ流行りはまさしく今の世の中のばかばかしさを表わしている。

これもまたひとつの考え方にすぎない

本書で述べたことは、わたしが考える一般的な考え方であり、ひいてはわたし自身の現在の「リアル」である。同時にたかだかわたしが考える「リアル」にすぎない。けれど、たとえばわたしは、世間がどういおうと、わたしの考え方やわたしの「リアル」を生きる以外にないのである。

それは「わたしだけ」ではない。だれにとっても、そうであろうと思う。あなたの「リアル」がどのような「リアル」であるか、あなた自身しか知らないし、そのうえに、どのような「アンリアル」(非現実、空想)を描くのかも、あなた自身の問題である。

わたしは、人の実際の人生を見たり読んだり聞いたりすることは好きである。それが好きな理由は、たぶん他人の人生に共感するからである。しかし他人が描き、他人が提出する夢や希望(アンリアル)にはほとんど興味がない。だから、それらに影響を受けることはない。とくに中高年のための元気本などまったく読まない。頭がよくなる、金が儲かる、モテるようになる、など論外である。本書を読んでくれる人にも、そんな本はなんのアテにもなりませんよ、といってきた。

もとより、これもまたわたしの考えにすぎない。ひとりの平凡な人間の考えることなどたかが知れている。六十年生きたからといって、経験は小さく、度量も小さく、知識も浅く、見聞の幅もちっぽけなものだ。世の中は広い。歴史も長い。世の中にはわたしなど及びもつかないほど見事な人がいくらでもいるだろうし、経験の広さも深さもわたしなどとは比較にならない人がいる。本のなかには（かれらを知るにはとりあえずそれしか手立てがない。映画やドキュメンタリーもあるが）、そのような人がたくさんいる。

だから、こうすれば夢や希望に満ちた定年後や老後の生活を送れますよ、という本を読むのはやめなさい、とはもちろんいえない。それぞれの自由である。それに、わたしの知らないところで、どんな卓見が述べられているかもわからない（これは世間への形式的な挨拶でもある。そんな卓見、めったにあるもんじゃない）。ただ、読んだ後で、なんだタイトルばかり調子がよくて、答えが書いてないじゃないか、と文句をいうのはやめたほうがいいと思うのである。

昨今の少子高齢化や若年層の生き難さの問題などを見ていると、人間はいきづまっているように見えてしかたがない。政治は民主主義、経済は資本主義と市場主義、社会は自由主義と権利主義（こんな言葉はないが）。いずれも現時点において人類の叡智が到達した理想的な地点といっていい。これらを超える思想はまだ現われていない。が、そこでどんづまっているのもたしかである。山積する「問題」でどんづまり、予算でどんづまり、なによりも頭でっかちになった人間がどんづまっている。

もっと幸福な顔をした人間がこの社会（世界）に溢れていてもよさそうなものなのに、ちっともそうは見えないのである。人間の力量を超えて、それらの主義や思想が風船みたいに極限まで息を吹き込まれてパンパンに膨れ上がり、ついには政治と経済と社会と人間のあちこちが破れ、そこから醜悪なものが外に噴きこぼれているような状態である。

さすがにこのままではまずいのではないかと、破れた穴をセロテープで塞《ふさ》ごうと応急処置をするが、追いつきはしない。民主主義も資本主義も自由主義も権利主義も根のところで腐敗してガスを発生させているのだろうか。それらの思想の有効期限が尽き果てようとしているのだろうか。しかしそれらにとってかわるよりよき思想はまだ現れていない。

それで、老後に夢や希望はあるのか

そんな生半可な面倒くさいおまえの私見などどうでもいいから、ごちゃごちゃいわずに、それでもおまえが考える定年後や老後の夢や希望はどうなんだ？　いったい老後にそんなものはあるのか？　となおも問う人がいるかもしれない。おまえにいわれなくても、われわれ自身の「リアル」なんかは自分で嫌というほどわかっているから、そんななかでどうしたら夢や希望が持てるのだ、それをいってくれ、という要求があろうかと思う。

さっきから聞いていると、おまえは陰鬱なことばかりいっているが、それじゃあ夢も希望もないではないか、という人が、わたしははっきりいって嫌いである。ウソでもいいから明るいことはいえないのか、という人が嫌いである。

日本人は最近、とくに東日本大震災のあと、上辺だけの「元気」のやりとりばかりをしている。「元気（勇気）をあげた」「元気（勇気）をもらった」「同世代に元気を与えたい」。そしてなんだか知らないが、みんないい気になっているのである。ウソのやりとりである。これは相当バカではないでしょうか。それもいうのなら、昔からのいい方で、「勇気づけられた」「元気づける」でいいのに。

かと思えば、「夢は必ず叶う」と、夢が叶った人がいっている。それはそうだろう。かれや彼女の夢は叶ったんだから。そうではなくて、叶っていない人、叶わなかった人の言葉を聞きたい。夢を持つのに年齢は関係ないといわれる。当然のことである。しかし、いかにも夢の大安売りではないか。夢を持たない人間は、まるで人間失格みたいな雰囲気である。日本人ほど「夢」という言葉を連発する国民はいないのではないか。今やアメリカ人以上のような気がする。「あなたの夢はなんですか?」という質問がじつにうっとうしい。

もう資産（という言葉も大げさだが）も増えない、人間関係も希薄になっていく、自由になるのは自分の想念だけである。頭で、「なんだ、わたしの生活はこれでいいじゃないか、人生はこれでいい」と思えればそれで十分なのである。ただし無理やり思いこもうとしてもだめである。人間というもののあり方、自分というもののあり方を考えてみて、腹の底から、「ああこれでいいんだ」と納得できるなら、それが一番である。

それはただのプラス思考じゃないのか? というのなら、すこしちがう。プラス思考は無理やりである。次から次へと「問題」に悩まずに、おれはこれでいい、と思うのは納得である。

作家の古山高麗雄が八十歳のときに書いた文章がある。

長生きし過ぎました。生きるのもういいと思っていますが、死ぬわけにもいかず、あとどれくらいこうやって生きていることやらと思いながら過ごしています。脳梗塞か心筋梗塞か、たぶん、循環器系統の病気で私は倒れて、独り暮らしだから倒れてもすぐには発見されずにいるだろう。暑い時期なら私の死体が発見されたときには、腐臭を放っているかもしれないなあ。その腐臭で発見されることになるかもしれない。そんな予想をしているのですが、私の予想、当たるかどうか。倒れるのは一、二年先か五、六年先か、時期についてはまったく予想できません。

（古山高麗雄『人生、しょせん運不運』草思社）

老人に対して、老後のよき生き方だの、老いてもイキイキと生きる生き方だの、そういうことを言ったり書いたりする方がいらっしゃいます。頼んでもいないのに指導したがる質《たち》の人。あの思い上がりとお節介には閉口します。老人には、もうイキイキと生きる気持などない人もいる。いいじゃないか、イキイキでなくたって。クヨクヨだって、メソメソだって。

（同書）

わたしはこの古山高麗雄の考えがわりと好きである。八十歳ともなれば、もはや夢も希望もないのがあたりまえであろう。古山も六十代のときには、まだまだ創作意欲があったのである。精力的に『断作戦』『龍陵会戦』『フーコン戦記』の戦争三部作を完成させている。これから定年を迎えようとする人は、たしかに現代ではまだまだ若い。しかし、わたしはまだ六十代前半だが、もうすでに古山の考えに近い。

夢も希望もある人はいるだろう。北極でオーロラを見たい。一年間イタリアにシニア留学をしたい。ログハウスを建てたい。日本一周自転車旅行をしたい。百名山を登ってみたい。実際にやっている人がいるであろう。やりたい人は大いにやればいいのである。百歳でマスターズ陸上にでて、砲丸投げ、槍投げ、円盤投げをやっている人が実際にいる。そのご老人はたしか百メートル走かなにかで、シニア部門（何歳以上の部門かは忘れた）で世界記録を持っているのだが、これからも新しい種目に挑戦したということだった。話し方もまったくしっかりしているのだ。

「定年後に夢や希望はあるのか？」は人に訊くようなことではない。あたりまえのことだが、夢や希望がどこかに転がっているわけではない。はい、あなたの定年後の夢と希望はこうすれば手に入りますよ、と他人が教えてくれるものではない。夢や希望はあるのか？　ではない。そんなものは外のどこにもない。あるとしたら、一人ひとりの中にしかない。自分自身で考えて、つかんで、実行しないかぎり、夢も希望もどこにも存在しないし、永遠に手に入らない。

力強いことと、こころの芯

だが、夢や希望というと、なんでまた大仕掛けなものばかりになるのだろう。わたしにもやりたいことがないわけではない（なんにもしたくない、と書いたか？）。三カ月でも半年でもいいから、あてのない旅をしてみたい。外国でも国内でもいい。が、これは夢でもなんでもない。実現のための努力をまったく放棄しているからである。ぼんやりとしたただの憧れに過ぎない。

夢だの希望だのといわないなら、わたしは日々の満足や気分転換や心の支えだけで十分である。今日の昼飯がうまかった、夕日がきれいだった、今度の二泊の旅行が楽しみだ、いい音楽を聞いた（最近ではヴァネッサ・メイの「I'm A-Doun for Lack O'Jonnie」「Red Hot」がいい）、いい本を読んだ（たとえば乙川優三郎『逍遥の季節』）、などなどでわたしは十分である。定年退職したからといって、気張って定年後用の大がかりな仕掛けや計画など強迫観念的に探すことなどないのである。

村松謙一という人がいる。ＮＨＫの「プロフェッショナル」という番組で見た。主に倒産寸前の会社の経営再建を扱う五十二歳の弁護士で、当然のこととはいえ、依頼主がそば屋であろうと大企業であろうと、まったくわけへだてはない。かれは「たとえ再建の可能性がゼロでもやる」といいきる。「ゼロでも」というところに凄味《すごみ》がある。なぜならそこには「人間の生き死にがかかっているから」だ。そして、かれが債権者との交渉に臨む心はただひとつ、「正直」である。

村松氏は十五歳だった娘さんを病気で失くしている。つねに彼女の写真をロケットに入れて胸にかけている。債権者への説明会の前などには、かならずこの写真を見る。村松氏は「これがあると心強い」といい、彼女の死を「乗り越えることはできない。立ち直ってもいない。心に少しずつかさぶたができているだけ」と語る。

わたしが人の人生を見るのが好きというのは、こういう人がいるからである。ほんとうに凄い人とはこういう人のことである。娘さんはもう記憶のなかにしかいない。彼女の写真はその記憶の現象である。彼女を愛し、彼女から愛されたという記憶がそのままで「心強い」ものになり得るということだと思われる。この記憶は、娘さんの死と共に不動のものとなっている。

わたしたちにも、村松氏の「写真」のように、心強くなるひとつのことがあればいいと思う。神でもいい。父母の思い出でも、懐しい人の思い出でもいい。思い出だけでは生きられない、といわれるが、そうともいえない。「ともに喜びをわかちあう人間がいなければ、勝利になんの意味があろうか」といったのはモーパッサンである。「わかちあう」人間は生きている人間だけとはかぎらないのである。「勝利」は「人生」と読み替えればいい。

信州の伊那谷《いなだに》にひとりで住む加島祥造は「町にいるときの私は『料理された』ものなのだ。長いこと煮たり焼いたりされていて、『芯』のあたりだけがようやく生《なま》で残っている」といっている（加島祥造『伊那谷の老子』朝日文庫）。わたしたちにもその「芯」の部分が残っているはずである。町で「料理された」だけではない。世の中でも会社でもしこたま「料理された」のである。定年後をできるだけそのやわらかい「芯」の部分で生きていけるなら、それにこしたことはない。

人生とは、どれだけ楽しんだか、その総量のことで、その量が多ければ多いほどいい、としたり顔でいう人がいる。それはその人の考え方である。もしあなたが「そうか、そういうことだよな」と共感するならば、せっせと「楽しみ」をかき集めればよい。わたしは「バカいってらあ」と思っている。

憎まれ口を叩いて若い者から「くそじじい」と煙たがられるじじいになってやる、という人がいるだろう。そんなこと、わたしにはどうでもいいことである。ビートたけしは「歴史に残るくそじじい」になるという。嵐山光三郎は「不良定年」になれという。わたしにも若き日には無頼への憧れがなかったわけではないけど、付け焼刃ではとうてい無理である。

わたしは以前『こういう男になりたい』(ちくま新書)という本を書いたことがあるが、格別に「こういうじじいになりたい」というのはない。もういきあたりばったりだ。いや、エリック・ホッファーという人がいる。「芯」の部分で自由に生きた人である。かれのような生き方はとてもできそうにないが、いいなあ、とは思う。「芯」のこころが、小さいことで充たされればよいのである。刺激ではなく、平安な気分に満たされればいい。そのこころを充たす小さな方法ならいくらでもある。たとえば、本を読んでひとつのことを知る。ひとつの昔のことを知る。ひとりの人を知る。ひとつの生き方を知る。ひとつの考え方を知る。ひとつのべつな世界を知る。それで、世界がすこしだけ広くなる。知ったからといってどうなるわけでもないが、それもひとつの平安な小さな喜びである。

楽しそうなことを探すことはできるだろう。何事かの到来を楽しみに待つということもあるだろう。「楽しさ」とはそういうもので、意志するものではない、と思う。最近では、「楽しんで」と人にいい、人からいわれる。いわれて、「そうだ、楽しめばいいんだ。よし、楽しもう」と思う人がいる。アメリカ人の「enjoy!」の真似だと思うが、いんちきくさいいい方だと思う。「緊張感を楽しむ」などともいう。無理やりに「楽しまなければならない」というのが、これまた窮屈ではないか。

楽しさは、その事前とその過程にある。だから楽しさはほんとうは始まらないことが肝要なのだ。始まったら、終わらないことである。それが楽しさの本領だ。矛盾である。しかし終わりたくないのに終わらなければ、楽しさが完結しない。完結したとたん、楽しさは消滅する。むろん、その楽しさを最初から反復すればいいのだけれど。別の楽しさを見つければいいのだけれど。

また楽しむためには感応力と楽しむだけの力量が必要である。「ゲーム」を楽しむためには、強さが必要なのだ。もっとも、なにを楽しいと感じるかは、人さまざまである。こころの芯に自分なりの楽しさがあればいいと思う。普遍的な楽しみなんてものはない。

さわさわと風のように

あの静かなる男、姜尚中《かんさんじゅん》が、いつか革ジャンパーを着てハーレー・ダビッドソンでアメリカをぶっ飛ばしたいと書いていた。ほほお、いいではないか、と思ったのである（しかし、中年男はなんでハーレーばっかりなのだろう。いかにも成り金、俗悪な感じである。ハーレー会なる名士ばかりの会もあるらしい）。あの穏やかな語り口と微笑の陰に、そんなワイルドな希望を持っていたとは意外であった（しかし写真集みたいな雑誌を出したのは、いくらなんでも調子に乗り過ぎである）。

ほほお、と思った、というのは、わたしも希望としては、別にハーレーではなく、スズキのイントルーダークラシック４００でいいから（ティアドロップ型タンクのアメリカンスタイルなら可）、国内外の長旅をしてみたいという希望がないではないからである（ほとんど、実現の見込みはない。それに、ほんとうにしてみたいのか？といえば、そうでもなさそうなのである）。

まあバイクなどどうでもよい。さわさわと風のように生きてみたいものだ、と思う。しかし、「さわさわ」なんて、わたしも適当なことを書いているのである。「ほんわか」に続いて、なにが「さわさわ」だろうか。さわさわじじいか。それに、こんなこともまた自分からいうことではない。ただ、気持ちとしてはそういうことである。暑苦しいことはもうごめんである。

「さわさわ」とは、世のいかなるものにも執着がまったくないことである。もう、この段階で無理なのだが、社会からほとんど降りてしまえば、ある程度可能かと思われる。だが「風のように」ができない。いくつになっても人間はけっこう生臭いものである。自我があるからである。年をとってくると、これがもうわずらわしい。他人の自我もそうだが、自分の自我もわずらわしいのだ。

風は無色透明で、吹かれるほうにとっては気持ちがいい。が、自分自身が「風」になることなど、どうするのか。これがむずかしい。人間は人生から降りきることがむつかしく、ましてや自分から降りるなんてことはほとんど不可能であろう。しかしわたしはもう自分（自我）からも降りたいのである。すでに書いたように、「自分という立場」から少しでも離脱したい。気持ちとしては、さわさわと風のように、生きていきたい。とがめず、怒らず、争わず、羨望しない（ようにしたい）。もう「一生懸命」という言葉さえ、気張りすぎで重苦しいのだ。

人間には一人ひとり、性《しょう》というものがある。性分の性、気性の性、気性が荒い、の性である。質《たち》というものもある。性と似たようなものだ。質が悪い、の質である。あわせて性質。もって生まれた基本的な性格といっていいだろう。後天的にさまざまな意匠でその表面をコーティングすることは可能だが、性はたぶんそのまま残る。

一人ひとりには、その性に合った生き方がある。ハタ迷惑でさえなければ、性にはいいも悪いもない。が、性の強い者は、たいてい周囲と悶着を起こす。つねに人の前にでないと気が済まない者がいれば、うしろの方で地道に生きることをよしとする者もいる。ギラギラした生き方はわたしの性に合わない。性はその人の価値観の持ち方にも影響する。

世の中には血湧き肉躍る物語がある。実際に、波瀾万丈、激動の人生を生きた人がいる。「大空のサムライ」の坂井三郎、怪傑ハリマオ（実際はそれほどのヒーローではない）、チベット探検の河口慧海《えかい》（驚嘆すべき精神）、諜報活動をした石光真清《いしみつまきよ》。いずれも例に偏りがあるが、もうひとり、佐々井秀嶺《しゅうれい》という僧侶がいる。まあ激しい人生であり、激しい男である。この人の半生は山際素男の『破天』（光文社新書）に詳しいが、痛快極まりない。現在、五千万人とも一億人ともいわれるインド仏教徒の頂点に立つ人である。

かれは子どものころから、自分の異常な性欲に苦しんだ、というのがおかしい。読んでみると相当なものである。が、その性欲は強姦魔小平義雄のようには現れず、佐々井氏は仏門に入った。師を得て、タイに行きインドに渡った。その地で打たれたある啓示によって、かれはそれから数十年間、インド仏教再興のために己の力をつくしたのである。インド国籍も取得した。性欲は消失していないが、抑え込んだ。

わたしはこういう人の生涯に感応するのだが、そのことはわたしのなかにもそういう人生を志向する性向があるということなのかもしれない。といっても、こういう人間になりたかった、と思っているわけではない。佐々井氏は波瀾の人生を歩んではいるが、最初から自分が望んだ道ではない。巡り合わせというほかはないだろう。しかし、こういう人の人生を見るのは楽しい。読むだけで満足である。

いつかイタリアのオルチャ渓谷やフランスのロアール渓谷をのんびり歩いてみたい（申し訳ない。最初はなんにもしたくないと書いたくせに、やがて半年くらいの旅と書き、次にバイクの旅ときて、ついに生意気にもオルチャ渓谷まできてしまった。自分でも渾然としているのだ）。あるいは、天本英世みたいに遺灰はアンダルシアの川に流してほしい、といった気はまるでないが、トレドやラマンチャやバレンシアを気の向くままに巡ってみたい。

べつに外国でなくてもいい。一、二年といわず、まだ体の動くうちに、このまま風のように放浪漂泊の旅にでてみたい、というかすかな願望がある。残りの時間を人間界の側溝を歩くことに費やし、その途上で終わるなら終わってもいいな、という気持ちがこころの片隅にある。

とは思うが、どうなるか。半年くらいの旅ならちゃんと計画準備をすれば、まったく実現不能な希望ではないかもしれないが、いきあたりばったり派の人間にとっては、それさえどうなるかわからない。まあ無理であろう。どこまで本気か自分でもわからないのだ。らちもないただのロマンチシズムとセンチメンタリズムかもしれない。だめならだめでいい。それはそれでいいのである。

たったひとつの命が消えるだけのこと

二十歳前後のころ、加藤諦三の『俺には俺の生き方がある』（大和書房）に心酔した。ほとんどバイブルのように思えたものだ。当時出た加藤の本はほぼ全部読んだはずである。やがて、そこから離れていったのだが、しかしやはり、「わたしにはわたしの生き方がある」というのはだれにとっても基本であろうと思う。かれらの生はかれらの生であり、あなたの生はあなた自身の生であり、わたしの生はわたしの生である。定年になろうと、高齢者になろうと、この基本がかわることはない。

人生の方法なんてものはないのである。うまい方法などない。だれもが納得し、実行できる幸福になる方法はないし、老後を楽しく生きる方法はないし、元気で満足な老後も、ステキな老後もない。むろん、あってもいいのである。実際に、わたしがそうだよ、という人がいるだろう。けっこうなことである。が、わたしはそういうことに興味がない。ただ淡々と生きていくだけである。

いまの六十歳は初老とはいえ、まだ若い。しかし同時に、いつ死んでもおかしくない年齢でもある。だんだん年をとるにつれて、高齢者は現実の生活と、やがてくる自分の死を両方見ながら生きることになる。いずれ、わたしも死ぬ。しかし、わたしが死んでも、たったひとつの命が消えるだけのことである。なんにも残らなくていい。ウサイン・ボルトはしきりに「伝説になりたい」という。なるだろう。が、そんなことは、ほんとうはわたしにはつまらないことのように思える。

自分の死は、そのときになって考えることにしよう。今考えてもどうなるものでもないのだから。生活と死の両にらみ、と書いた。しかし片目はできるだけつぶっておくことにしよう。ときどき、開けてみる。そして、すぐ閉じる。佐野洋子がこんなことをいっている。

私は生きる意味を見つけ出しかねた。子供が育ち上がってから、私は何の役割もないのだった。私はウロウロするばかりで、それでも、その日その日を生きていて、飯食って糞して、眠るのだ。それなのに、私はゲラゲラ笑い、視線は空よりも地面に向かい、春のきざしの蕗《ふき》のトウをさがしに行き感動して、泥棒のように蕗のトウを集めて、つくだににして、飯にのっけて「うめェ」とうめくのだった。地面にはって咲くパチッと開いた、名前を知らない小さな白い花を、しゃがんでいつまでも見ていた。

そういう時、私は深くしみじみ腹のもっと下の方から幸せだなあ、こんな幸せ生れてはじめてだなあ、今日死ななくてもいいなあ、と思うのだった。意味なく生きても人は幸せなのだ、ありがたい事だ、ありがたい事だと、ヘラヘラ笑えて来た。

（佐野洋子『神も仏もありませぬ』ちくま文庫）

佐野洋子が六十五歳のときに書いた文章である。彼女の文章はおもしろい。佐野洋子に匹敵するような文章を書くじいさん作家はいない。本を読んでいると、佐野はたくさんのおもしろい友人や知人や従姉に囲まれて、日々なにかが生じる楽しい生活を送っているように見える。それはそうかもしれないのだが、実際はそれだけではあるまい。そんなに楽しく、いろんなことが起きるような生活は、じいさんばあさんに関わりなく、有名無名に関わりなく、金持ち貧乏に関わりなく、そうあるものでないことは自明である。

佐野洋子みたいな「楽しそうな」老後を送りたい、など、できない相談である。する必要もない。「ありがたい事だ」などと思わなくてもよい。なぜなら、あなたもわたしも佐野洋子ではないからである。「糞して」などただの偽悪にすぎない。だが彼女の文章を読むとスカッとする。ぐだぐだがない。情けなさがない。彼女も片目をつぶっているように見える。

つくづく〝好きなように生きればいい〟しかないと思う。〝好きでなくても、生きるしかない〟。そして「死ぬ時は、死ぬがよろしく候」(良寛)である。嫌だ、といってもしかたないからね。死ぬんだから。ただ良寛が生きた時代も、死は煩悶の対象だったことが窺えて、そう簡単にはいくかい、ということがわかるが、簡単であろうとなかろうと、それはもうしかたがないのである。

わたしが死んでも、たったひとつの命が消えて行くだけのことである。大したことではない。もしかしたら残された者にとっては大したことかもしれないが、それでも世界にとってはまったく大したことではない。この世はつねに生きている者たちのものである。

公園から帰る

今日もまた公園に行く。快晴だが、夏の熱い陽射しもすこしずつ弱まり、そろそろ秋である。風も気持ちよくなってきた。心は安穏、といいたいところだが、そんな日ばかりではない。いささか波立つときもある。気鬱なこともある。めんどうくさいことに、よしなし事が思考のなかに侵入してきたりするのである。

空を見上げる。「本日、天気晴朗なれども波高し」といったところか。これからもおなじような日々があるだろう。あれこれと考える。きれいな雲だなあ、という日ばかりではない。ふむ、おれの人生か。まだまだダメだな。「各員、一層奮励努力せよ」ということか。安穏を求めても、波は高い。それでいい。

原稿を書かないといけない。電車を乗り継いで、五駅先の行きつけの喫茶店に行く。

そこで何時間もいる。まずは公園からのつづきの本を読む。今日は角田房子の『責任——ラバウルの将軍今村均』だ。このまま読みつづけたいのだが、きりのいいところでやめる。カセット・ウォークマンのイヤホンを耳にはめこむ。このところずっと中森明菜の「イースト・ライブ」だ。秀逸である。外界を遮断する。テーブルの上に下書原稿を広げる。赤のゲルインク・ペンを持つ。ああでもない、こうでもないとやりはじめる。できがよくない。

窓の下の通りを眺める。外界に戻される。見知らぬ人々の流れ。どこへ向かうのだろうか。どこから帰って来たのか。みんなそれぞれの生活と人生があるのだ。むろん店内にも知らない人ばかりだ。ただ、そうか、と思うだけで、なんの発展もない。そこどまりだ。

しばらくぼんやりする。ウォークマンのボリュームをすこし上げる。水っぽくなったアイスコーヒーのストローをくわえる。タバコを喫う。あの浮浪者のような人はいつも来ているが、あれはじいさんなのかばあさんなのか。いかんいかん、原稿に戻らなければ。締め切りがもう二カ月以上も遅れている。また今日も進まないのか。まとまらない。

今日もまた大した成果なし。まあ、いいや。よくはないが、いいや。今日の日が暮れてゆく。昨日とおなじ単調な今日。が、二度と帰って来ず、どんなに昨日とおなじように見えてもちがう今日という日が終わる。今日一日に感謝、なんてことはない。また電車に乗って地元の駅に帰ってくる。会社員や学生で一杯だ。みんなご苦労さん。

さて自転車に乗って家路につくか。人間界の俗事を離れた束の間の時間も終わりだ。とりあえずまた、今日と同じ明日がやってくるだろう、とは思わない。暗くなったな。日が短くなったもんだ。自転車のライトをつけ、ペダルを踏んで漕ぎだす。いつかこの先、なにかいいことがあるんだろうか？　もうないのか？

あとがき

この本を読まれて、暗くなられただろうか。もしそうだったら申し訳ないことである。わたしは暗い定年退職後を書いたつもりは全然ないのである。もちろん明るい定年後を書いてもいないけど。ほんとうはわたしみたいなのんき者に、定年後や老後を書く資格はないのだ。わたしなんかにいわれる前に、あるいはどこかの「エライ人」にいわれなくても、多くの人は自分たちの定年後や老後を自分たちのやり方できちんとやっているものである。わたしなどの出る幕ではない。

だったら引っこんでいればいいのに、のこのこ出てきてゴメンなさい。本書でいいたかったことは、いたって単純である。自分の定年退職後や老後を過大問題視しなくていいのではないか、ということである。

日本の歴史始まって以来の「超高齢化社会」だ、さあ大変だ、どうする？　と、テレビや新聞や雑誌やエライ人たちがあまりにも騒ぎすぎるものだから、つられて、ついい「おれたち大丈夫かな？」と浮足立つのである。だが自分の老後であり、自分の人生である。自分で考えて、自分でなんとかするしかない。そのために、神様は一人ひとりに脳ミソを与えてくれているのである。

たしかに社会問題としての「高齢者問題」はある。これからもずっとつづく。騒いでなんとかなるものならわたしも騒いでもいいのだが、しかしそれでこの自分の定年後や老後がどうなるわけでもない。「おれたち大丈夫なのかな？　やばいんじゃないの？」もへちまもないのである。であるからには、そんな先のことを心配してもしようがない。「年金問題」は政府と官僚がしっかりやるしかない。わたしたちは自分の「リアル」のなかで、自由に好きに生きればいいのだ。テレビも新聞も携帯もない昔から老人はいたのである。

多くの人たちはきちんと生きているとはいっても、格別の方法があるわけではないだろう。それぞれの「リアル」のなかで、今日一日、もしくは今月、さらには今年一年がつつがなく過ごせればとりあえずオンの字、といった程度のものだろうと思う。つつがなく、なんて意識もないだろうけど。わたしもおなじである。できるだけ、明日のことを今日思いわずらわないこと、である。

「大丈夫だろうか？」には「大丈夫じゃないの？」でいくしかない。だって、五年先、十年先、二十年先に大丈夫かどうかなんて、だれにもわからないのだから。「なんとかなるんじゃないの？」でもいいし、「わしゃ知らん」でもいい。できるかどうかわからないけど、もう槍でも鉄砲でも持ってこい、という気持ちでいたいものである。ほんとうに持ってこられたら、というよりいつかはかならず持ってこられるのだが、それはそのとき考えることにしよう。それまでは悠々とのんびりすればいい。

あと二十年もすれば、団塊老人のほとんどが「少しは頑張ったんだけどね。いろいろご迷惑をおかけしました」といってこの世から総退場していく。それで「老人問題」がいくらかは軽減されるかに見えるのだが、それも焼け石に水である。そのあとに第二次ベビーブーマーたちを中心とする老人予備軍の分厚い層が控えていて、日本の社会はこの先何十年も老人国であることから逃れることができない。

ひとりの老人の問題は金、健康、生きがいだが、「老人問題」は年金、介護、健康保険の問題である。ようするに国家の「金」である。現在の生産年齢は十五歳から六十四歳までと考えられているが、いずれ定年は六十五歳から七十歳まで引き上げざるをえなくなるかもしれない。

とはいえそれだけの労働市場のパイがない。となると、これからの老人はもう縮小均衡の、まったく新しい生活のスタイルを考えるしかあるまい。というようなことを、わたしが心配してもしかたがない。こっちを押せばあっちが飛びだす。あっちを押せばこっちに飛びでて、ほんとうはもうどうにもならないのではないか。しかし、どんな人口構成の社会になろうとも、そのなかでひとりの老人、ひとりの若者は、自分の脳ミソで考えてなんとか生きていくしかないのである。

*

生きがいなど贅沢なことだと書き、孤独なんかそれがどうしたとねじふせればいいと書き、死ぬときは死ぬしかないではないかと、まったく無神経きわまりないことを書いた。そんなことをおまえは恬淡《てんたん》としてできるのかといわれれば、自信がない。が、本心である。おまえは「人間」というものがまったくわかっていない、といわれるなら、いや、多少はわかったうえで、あえてそう申し上げている、といいたい。「人間」がどんなものであるか、ある程度わかっているつもりだが、そんな「人間」に全面降伏したくはないと思っているだけである。

橋本治は、ひとり暮らしのゴミ屋敷の老人の内面をこのように描いている。

自分が積み集めた物が「ゴミ」であるのは、忠市（ゴミ屋敷の老人……引用者）にも分かっている。「片付けろ」と言われれば片付けなければいけないことも、分かってはいる。しかし、それを片付けてしまったら、どうなるのだろう？　自分には、もうなにもすることがない。片付けられて、すべてがなくなって、元に戻った時、生きて来た時間もなくなってしまう。生きて来た時間が、「無意味」というものに変質して、消滅してしまう。

（橋本治『巡礼』新潮社）

通勤の人の姿が見え始めると、忠市は家に帰る。「出掛ける所」のある人はいい。自分には、それがない。ただ、当てのない場所を巡るばかり――。「働く所」へ出掛けられる人の姿はいい。後ろ姿にも、力が漲《みなぎ》っている。しかし自分には、それがない。

（同書）

ひとりの〝孤独〟な老人の「生」を辿り、理解困難な行為の所以《ゆえん》を理解した見事な一篇である。書かれているのは、「人間」の生きる意味と生きがいの喪失、そして孤独である。「人間」とはたしかにこういう生き物でもある。生きる意味の喪失と生きがいの喪失が「人間」をどこに連れて行くのか。孤独が「人間」をどんな場所に連れて行くのか。わたしは想像することができる気がする。けれどそれだけが「人間」でもない。孤独に打ちひしがれるのが「人間」の自然であるなら、孤独をねじふせるのは「人間」である所以としての意志と思いたいのだ。

わたしは現在六十二歳である。定年退職者としても、また老人としても、入り口に立ったばかりの新参者である。あと十年も経ったら、そのときにはもっと経験に即した『老後のリアル』を書けるかもしれない。とりあえずそれくらいまでは生きてみたいと思ってはいるが、あんまりこういうことは書かないほうがよさそうである。「あの野郎、エラそうにあんなことといってたけど、もたなかったな」などといわれるのは、あまりうれしいことではない。こういう言い訳もまた書かないほうがいい。「ほんとに、もたなかったな」と思われるのも余計なことである。

二〇〇九（平成二十一）年十一月

勢古浩爾

文庫版のためのあとがき

早いもので、本書が出てからすでに三年がたった。まだ生きとりました。その間《かん》、特筆すべき状況の変化はほとんどない。あいもかわらずわたしの毎日は、阿部昭風にいえば「変哲もない一日」（ないし「単純な生活」）、佐野洋子流にいえば「役にたたない日々」である。くどいけど、大江健三郎風にいえば「静かな生活」だ。

ちょっとした異変といえば、昨夏、突発性難聴にかかったくらいだろうか。しかし幸いなことに、それも数日で完治した。新しい趣味を見つけ、これがほんとに愉しくて、ということもない。経済状況は徐々にだが悪化の一途。アベノミクスにあやかって株や為替でマネービル（古いなあ）をする才覚もなく、その気もまったくないから、今後状況が好転することは、ない。この間、三冊ほど本を出してもらったが、収入に関するかぎり焼け石に水である。資金の漸減は退職者の宿命だ。今さら焦ってもはじまらない。枯渇しそうになったら、その時はその時である。

そういえば、減量をしたのだった。どうも腹がボテボテしてきたなと昨年の夏前に体重を量ってみたら、なんと八十キロもあったのである。とたん、これは恥だと思った。でぶのじじいなどあっていいことではない。素浪人はやせているものと相場は決まっているのだ。でぶの浪人など存在矛盾ではないか。

で、一日一食にして（あの「若さ」が自慢の南雲吉則先生の影響ではない）一ヵ月で七キロ落とした。二ヵ月で七十一キロまでになった。ベルトの穴が二つ減った。そんな無茶なダイエットはだめですよ、という専門家の意見など知ったことではないのである。よし、七十を切るぞ、と思ったのだが、そこからグズグズになり、いまはまた七十五キロ。若いころの六十五キロは無理かもしれないが、今夏、六十八キロぐらいを目指して再挑戦の予定である。

ひとつ、読者にお詫びしなければならないことがある（こんな小事で詫びることもないとは思うが）。本文で、わたしはTシャツはズボンの中に入れつづけるぞ、と書いていたのだが、まことに申し訳ない。外に出すようになってしまったのである。ついに世間というか若者文化の軍門に下ってしまったのである。ボテ腹がきつくなり、ある日、ついズボンの外に出してしまったのだ。ところがこれが、やってみると楽だったのである。面目ない。

本文を読み返してみて、あらためて気づいた。わたしの考え方は、「単純」の一言に尽きるようである。悪くいえば「殺風景」「諦観的」「なりゆきまかせ」、ちょっと見栄を張れば「悟達」「本質看取」「行雲流水」。とはいえ、ようするに、余計なもの・めんどうくさいことが嫌いなだけなのだ。だからこれはとてもそんなものじゃなく、ただの「あっさり」好みの「性格」ですな。

そのせいかどうか、生活のしかたそのものもすこぶる単純である。財布を持ったことがない。腕時計もしない。着る物は無地。柄は好まない。丼物や定食が好きなのは、簡単に済ませられるからである。旅館で出てくる十何品の料理はもう見ただけでうんざりだ。旅行にいくときはたとえ二週間でも一ヶ月でも荷物は絶対に一個。いざとなったら、肩にかけて走れるボストンバッグがベストである。

友人は数人で十分（一人もいなくてもたぶん大丈夫）。付き合い方もシンプル。何十人もの友人知人や家族ぐるみの交際などもう冗談ではないのである。日々の穴だらけの無為の時間はほったらかしである。無理やりこさえたスケジュールで埋め尽くそうという気がまったくない。カードも最小限。店で一々「Tポイントカードはお持ちですか?」と訊かれるのがわずらわしい。心にも身にもできるだけモノは持ちたくないのである。

わたしの、この、自己陶酔めいた「いい気なもんだね」振り、のんきな父さん振りは、甘すぎるという気がしないわけではない。ガン宣告をされたこともなければ、ほんとうに「一人ぼっち」になったこともないし、ひりつくような極貧にあえいだこともなければ、手ひどい挫折に打ちのめされたこともないからである。我に艱難を与えよ、と思う。思うが、これればかりは摂理だからしかたがない。わたしはこれから先も、このまま自分の流儀でいくしかない。

今年で昭和二十二年生まれの団塊一期生は、再雇用も含めてほとんどが総退職されるはずである。下の世代からは散々罵倒されてきたわれわれだったが、とりあえずご苦労様でした、と一言。お互い、見た目が汚いのはもうあきらめましょう。せめて、精神的に薄汚い高齢者にはならないように心がけたいものです。今さら手遅れですかね。見も知らぬ同輩たちに「どうかお達者で」と挨拶を送りたい。

文庫化にあたっては、かなりの加筆といくつかの修正をし、余計な数行を削除した。よりすっきりし、より読みやすくなったのではないかと思う。ただし当然のことだが、趣旨はまったく変わっていない（変わるはずもない）。担当していただいた草思社編集部の藤田博氏にお礼を申し上げる。

二〇一三年（平成二十五年）七月

勢古浩爾

＊本書は、二〇一〇年に当社より刊行した著作を文庫化したものです。
なお文中に登場する人物の年齢と肩書きは当時のものです。

草思社文庫

定年後のリアル

2013年8月8日　第1刷発行
2013年9月27日　第3刷発行

著　者　勢古浩爾

発行者　藤田　博

発行所　株式会社 草思社

〒160-0022　東京都新宿区新宿 5-3-15
電話　03(4580)7680(編集)
　　　03(4580)7676(営業)
　　　http://www.soshisha.com/

印刷所　中央精版印刷 株式会社

製本所　中央精版印刷 株式会社

装幀者　間村俊一（本体表紙）

ISBN978-4-7942-1993-0　Printed in Japan

草思社文庫既刊

前間孝則
技術者たちの敗戦

戦時中の技術開発を担っていた若手技術者たちは、敗戦から立ち上がり、日本を技術大国へと導いた。零戦設計の堀越二郎、新幹線の島秀雄など昭和を代表する技術者6人の不屈の物語を描く。

徳大寺有恒
ぼくの日本自動車史

戦後の国産車のすべてを「同時代」として乗りまくった著者の自伝的クルマ体験記。日本車発達史であると同時に、昭和の若々しい時代を描いた傑作青春記でもある。伝説の名車が続々登場！

神尾健三
ビデオディスク開発秘話

「画の出るレコード」と呼ばれたビデオディスク——二十世紀最後の家電製品の開発競争に明け暮れたエンジニアの奮闘を描く。当時、松下幸之助の陣頭指揮の下で開発に従事した著者による回想録。

草思社文庫既刊

高平隆久
ロサンゼルス拘置所日記

僕は無実の罪でロサンゼルスの拘置所に放り込まれた。そこはギャングにおかま、イジワル刑務官と映画よりもへんてこなワンダーランドだった。僕は日本に帰れるのか⁉　実話に基づく驚愕の体験記。

岩中祥史
新・出身県でわかる人の性格

合理主義からお笑い精神を生んだ大阪人、地味だけど幸福度の高い鳥取人、じつはシャイな沖縄人——気候風土、歴史が育んだ県民の気質を論じる人間観察学。笑いあり、驚きありの痛快エッセイ。

石山茂利夫
裏読み深読み国語辞書

「辞書に間違いはない」「どの辞書も内容は同じ」と思ったら、大間違い。慣れ親しんだ国語辞書を読み比べると、日本語の意外な素顔が見えてくる。日本語に関心のある人なら必ず楽しめる一冊。

草思社文庫既刊

江戸っ子芸者一代記
中村喜春

コクトー、チャップリンなど来日した要人のお座敷で接待した新橋芸者・喜春姐さん。銀座の医者の家に生まれ、芸者になったいきさつ、華族との恋、外交官との結婚と戦前の花柳界を生きた半生を記す。

素晴らしきラジオ体操
髙橋秀実

ラジオ体操はなぜこんなに日本人に愛されるのか。3年かけて各地のラジオ体操会場に突撃取材。すると「世界遺産に登録したいぐらい」(by著者)不思議なラジオ体操と日本人の姿が見えてきた。

うまい日本酒はどこにある？
増田晶文

日本酒は長期低迷から〝地酒ブーム〟で復活したようにみえるが、多数の地方蔵は未だ苦境にある。地方の酒蔵、メーカー、酒販店、居酒屋を訪ね歩き、「うまい日本酒」に全霊を傾ける人々に出会う。

草思社文庫既刊

佐瀬稔
女子高生コンクリート詰め殺人事件

「史上まれにみる凶悪な少年犯罪」と言われた綾瀬事件。犯人とその親たちの証言から、彼らの生い立ちを克明に跡付け、戦慄すべき犯行を生み出す背景に迫った渾身のノンフィクション作品。

赤羽礼子・石井宏
ホタル帰る

大戦末期、鹿児島知覧基地から飛び立っていく特攻隊員たちを親身になって世話し、母のように慕われた鳥浜トメ。ともに彼らの世話をした娘の礼子が自らの体験を語り下ろした感動の実話。

高橋英利
オウムからの帰還

元出家信者で科学技術省に所属していた青年による手記。入信に至るまでの内面の苦悩、出家して知った教団の恐るべき実態を冷静な筆致で描写する。地下鉄サリン事件の翌年に発表された貴重な証言録。